한류가
뭐길래

한류가 뭐길래

글로벌 문화변동과 K-컬처의 진화

심두보 지음

어나더북스

책을 펴내며

한류, 글로벌 문화의 새로운 실천인가 '국뽕'의 신기루인가

그간 써온 글을 다듬고 또 새로운 글을 만들어 한 권의 책으로 세상에 내놓는다. 학자라는 이름으로 살아온 지 꽤 오랫동안 한류라는 주제로 여러 글을 썼다. 논문이라는 형식이 지닌 한계에 대해 고민하던 중, 친구이기도 한 출판사 대표로부터 책 집필을 권유받았다. 학술서가 아닌 대중서로 내자는 제안이 더욱 반가웠다. 하지만 긴 세월 동안 익숙해져 버린 책상물림의 현학적 문투가 쉽게 고쳐지지 않았다. 결국 신문 칼럼 정도 길이의 글을 써보라는 주문에 기운을 얻었다. 그렇게 해서 한류에 관한 필자의 짧은 글 여러 편과 이미 발표한 논문을 수정해 함께 묶었다.

1990년대 후반 TV 드라마와 가요가 대만, 중국, 베트남 등지에서 인기를 끌기 시작했다. 점차 그 규모와 범위를 키워 나간 한류는 관광과 화장품 등 연관 산업뿐 아니라 해외 한국학의 발전과 한국의 이미지 제고 등 다양한 영역에 영향을 주고 있다. 1990년대만 해도 드물던 외국인 관광객들이 서울 거리와 지방 곳곳에 가득하다. 이에 힘 받아 각급 정부 부처와 여러 지방자치단체는 한류와 관련된 정책을 발표하거나 한류를 활용한 이벤트를 기획한다. 기업들도 자사의 경영전략에 한류와 연관된 내용을 어떤 식으로든 포함하고자 한다.

한류는 '생각의 곳간'이다

학계에서도 여러 분과에서 한류 연구를 수행하고 있다. 학술 데이터베이스 디비피아(DBpia)를 통해 확인한 인문사회과학 내 한류 논문 검색 결과는 언론학, 방송학, 경영학, 관광학, 사회학, 의상학에 더해 중국학과 일본학을 필두로 한 지역학 등 수많은 학문 분야의 관여를 보여준다.

한류란 무엇인가? 서구에 의해 지배되어 온 국제문화 흐름의 구조를 뒤흔드는 문화 실천인가 아니면 실체가 부풀려진 환상 가득한 '국뽕'의 신기루인가. 이 책은 한류라는 특정 현상이 문화에 관해, 국제관계에 관해 그리고 인문지리적 상상과 관련해 우리의 사고를 자극하는 '방법론'이자 '생각의 곳간'이라는 관점을 지닌다. 이에 따라 이 책은 오늘날 한국 사회의 주요 담론인 한류를 인문주의의 태도로 고찰하고, 문화 연구와 미디어 연구의 관점에서 사유하고 응시한다. 그러자니 문화와 산업, 근대성과 전 지구화, 대중문화와 소프트파워, 젠더와 인종, 팬덤과 문화소비, 민족주의와 혼종성 등 여러 개념과 주제를 다룬다. 게다가 한류의 현재 모습을 이해하고 미래 변화를 예측하기 위해 과거로부터 누적돼 온 문화와 산업의 궤적을 짚는다. 이를 통해 한류의 여러 국면과 한류에 관한 다양한 시선을 필자의 방식으로 정리해 보고자 한다. 하지만 포부와 달리 어설픈 주장과 치밀하지 못한 분석이 수두룩할 테니, 독자 여러분의 따끔한 질책과 조언을 구한다.

많은 분의 관심과 지지가 없었다면 책의 바탕이 된 생각들이 갈피를 잡지 못하고 허공에 사라졌을 것이다. 우선 싱가포르국립대학교(National University of Singapore)에서 가르치는 동안 만났던 학생들을 잊지 못한다. 이방에서 온 교수의 강의를 밝은 미소로 경청하고 때로 날카로운 질문을 던졌던 그 학생들이 없었다면 지금의 나는 꽤 다른 모습의 사회인이 되었을 것이다. 그리고 성신여대 강의실에서 던졌던 수많은 언어를 깨달음으로 되돌려준 반짝이는 눈망울의 학생들에게도 마음 깊이 감사함을 전한다. 학계와 일상의 많은 분이 내어준 손길과 유쾌한 한마디가 내게 얼마나 큰 힘이 되었던가. 우정인, 박찬, Chua Beng Huat, Jung Sun, Keith Wagner, Jonathan Gray, Huey-Rong Chen, Liew Kai Khiun,

Angel Lin, Yukie Hirata, David Oh, 노광우, 최숙, 장현석, 이상철, 정원준, 조래선, 안임준, 이원, 최정봉, 전영범, 김신동, 정영희, 장정헌, 김문환, 이완수, 마동훈, 박종민, 홍석경, 진달용, 원용진, 임영호, 강명구, 김태식, 홍경수, 류웅재, 이동준, 이규탁, 강인규, 유상건, 류지현, 김동성, 김준기, 정재호, 임종순, 이성근, 강진호, 서동수, 김순정, 전용필, 박성순, 강혜선, 김명석, 정이화, 윤태진, 김일환, 신진호, 전성일, 안치응, 최윤실, 세라회 친구들, 정태영, 전진성, 염운옥, 고대 85 친구들, 이형민, 손석희, 상윤모, 소현진, 노동렬, 심상민, 김호성, 박아란, 김종화, 김우섭, 이원섭, 이희강, 이종권, 정기원, 정원용, 김헌식, 레인보우 친구들, 전원배, 김영민, 허정, 정기현, 이광우, 김지훈, 황인원, 김기석, 현시내, 민원정, 장유진, 안지수, 장아름, 정다영, 오수희, 김소연, 이다은, 이한나, 이선주, 오은서, 김선주, Kiyu Itoi 등 여러 선생님, 선후배와 벗들의 따뜻한 시선이 떠오른다.

그리고 귀한 시간을 내어 추천사를 써주신 주철환, 정길화, 김동엽, 크리스털 앤더슨(Crystal Anderson), 리오 칭(Leo Ching) 선생님에게 지면을 빌어 감사의 인사를 드린다. 졸고를 검토하는 수고를 아끼지 않으신 박재복, 최훈, 한만조, 배기형, 최은경, 정수경, 고윤화 님들께도 특별한 마음을 전하고 싶다. 이외에도 멀리서 지켜봐 준 여러 학우와 벗 그리고 선생님들의 친절을 잊을 수 없다. 몇 년 전부터는 페이스북 친구들로부터 많이 배우고 또 교감하고 있다. 오프라인에서 얼굴 한번 보지 못한 이들이 대부분이지만 그분들 덕에 지루한 삶을 좀 더 활기차게 살아가고 있다. 책의 처음부터 끝까지 따스한 격려로 함께 해준 친구 무혁에게 감사의 마음을 전한다.

마지막으로 가장 고마운 이들은 역시 가족이다. 평생 지지와 후원을 아끼지 않으신 양가 부모님 그리고 깊은 사랑과 평안함으로 항상 내 편이 되어준 윤진, 유정, 규호에게 이 책을 바친다.

이 책은 한류 현상에 관해 관심을 가진 후 그동안 여러 지면에 실었던 논문과 칼럼 등을 전체적으로 재구성한 것이다. 여러 관련 자료를 융합해 다시 쓰고 오늘의 관점으로 재해석했기에 특정 글이 어느 지면에 실린 것의 수정본이라고 적시하기 어렵다. 그럼에도 불구하고 1장은 페이스북·얼룩소·브런치 사이트에 쓴 글과 '韓流, 한·인도 경제협력의 윤활유'(〈한국경제〉 2018년 7월 12일, A35면), '한류의 효용: 산업 너머 강대국 너머'(『한류, 다시 출발점에 서다』, 109~125면, 2019년, 한국국제문화교류진흥원)를 토대로 구성했다. 또 2장은 '케이팝(K-pop)에 관한 소고: 한류, 아이돌 그리고 근대성'(〈사회과교육〉 52:2, 13~28면, 2013년)을, 3장은 '한류와 한국 드라마, 그리고 여성의 팬덤'(〈방송공학회 논문지〉 12:5, 414~422면, 2007년), '코로나19 시대, 넷플릭스 드라마 한류'(〈한류Now〉 39권, 9~17면, 2020년, 한국국제문화교류진흥원), '한류와 한국 드라마'(〈한류Now〉 47권, 10~19면, 2022년, 한국국제문화교류진흥원) 등을 기초로 새롭게 개편했다. 이어 4장은 '싱가포르의 한류와 디아스포라적 드라마 수용'(〈방송문화연구〉 18:1, 61~87면, 2006년), '한류와 베트남'(『세계 속의 한류 : 국적과 영역을 초월한 융합으로서의 한류』, 143~168면, 2022년, 역락), '한국 웹툰과 인도네시아의 만화시장'(영상문화 30호, 193~233면, 2017년)을, 5장은 2023년 한국언론학회 봄철학술대회 토론문과 '메가아시아와 한류'(『메가아시아의 형성과 동학』 제10장, 381~398면, 2023년, 진인진)를 저본으로 집필했음을 밝힌다.

2024년 새해를 맞으며

심두보

차례

책을 펴내며 한류, 글로벌 문화의 새로운 실천인가 '국뽕'의 신기루인가 005

1장　　한류가 펼쳐낸 세상과 그 나비효과

'차이니즈 뉴 이어' 논쟁과 문화의 참된 의미　　017
다나카상 인기와 한류 유니버스　　028
아티스트 IP와 케이팝의 미래　　037
미디어 세계화가 불러일으킨 여러 현상　　045
트와이스 '쯔위' 사건이 몰고 온 파문　　053
한 미국 학자와의 만남, 흑인음악과 케이팝　　062
코끼리처럼 성큼성큼 나아가는 인도의 한류　　070

2장　　글로벌 케이팝을 바라보는 여러 시선

21세기 팝 아이콘이 된 BTS의 기적　　081
케이팝의 1세대 아이돌과 그 이후　　090
아이돌 활동 다각화와 예능 프로그램　　095
강남스타일을 바라보는 서구의 시선　　101
케이팝, 세계화와 근대성의 여러 의미　　110

3장　　　한국 드라마가 만드는 글로벌 상상 공동체

넷플릭스의 기적, 오징어 게임　　　　　　　　　　　　　123
누구도 예상하지 못했던 한국 드라마의 비상　　　　　　131
해외 팬들이 한국 드라마를 좋아하는 이유　　　　　　　137
대중문화를 불편해하는 보수 문화권력　　　　　　　　　143
'여성의 장르' 한국 드라마　　　　　　　　　　　　　　149

4장　　　설원의 낭만을 상상하는 동남아시아

동북아시아와 다른 결의 싱가포르 한류　　　　　　　　161
중화권과 비슷한 시기에 시작된 베트남의 한류　　　　　171
한류가 매개한 베트남 방송의 산업화　　　　　　　　　176
베트남에서 인기 끄는 한국 스타일의 음악과 영화　　　183
웹툰과 인도네시아 한류　　　　　　　　　　　　　　　191

5장 한류, 어떻게 정의할 것인가?

KOFICE 창립 20주년에 부쳐 　　　　　　　　　　　　　207
글로벌 변화와 맞물린 한국 대중문화의 흐름 　　　　　221
1990년대 콘텐츠 수출과 한류 　　　　　　　　　　　　238
언제부터 한류라 부를 수 있는 현상이 발생했나? 　　　248
용어로서의 한류 　　　　　　　　　　　　　　　　　　254
국가가 한류를 기획했다고? 　　　　　　　　　　　　　260

6장 '타자'를 '이웃'으로 이끄는 한류

글로벌 문화산업과 한류의 진화 　　　　　　　　　　　273
'열린' 한류와 대안적 유토피아 　　　　　　　　　　　286

발문 두보가 짓는 문화의 다리 　　　　　　　　　　295
- 주철환 (동북고·MBC·OBS·JTBC·이화여대·아주대·서울문화재단에서 근무)

참고문헌 　　　　　　　　　　　　　　　　　　　　299

1장 한류가 펼쳐낸 세상과 그 나비효과

'차이니즈 뉴 이어' 논쟁과
문화의 참된 의미

사과란 무엇인가? 타인을 불편케 한 언행이나 잘못을 인정하고 그에 대해 반성의 뜻을 밝히고 용서를 구하는 것이다. 사과는 자발적 성찰과 반성을 통해 이루어지기도 하지만, 많은 경우 타인의 꾸짖음에 뒤따른 행동으로 나타난다. 2023년 1월 음력 설 직전, 걸그룹 뉴진스의 다니엘이 뉴진스 전용 소통 앱 포닝(Phoning)에서 영어로 "버니즈(공식 팬덤 명칭) 여러분 설날에 뭘 하실 건가요?"라고 물었다가 이틀 뒤 사과했다.

비슷한 시기 영화 〈에브리씽 에브리웨어 올 앳 원스 Everything Everywhere All at Once〉로 2023년 아카데미상과 골든 글로브 여우주연상을 받은 말레이시아 국적의 화교 배우 양자경도 설 인사 후 팬들의 비난에 시달렸다. 다니엘이 설날을 영어로 'Chinese New Year'라고 표현했고, 반면 양자경은 설날에 'Chinese' 단어를 사용하지 않았다는 이유에서다.

한류는 한국 문화임과 동시에 인류 문화의 수용체

다음과 같은 일도 있었다. 2023년 1월 13일 영국 런던의 대영박물관이 음력 설을 맞아 'Celebrating Seollal'('설맞이' 혹은 '축 설날' 정도로 번역됨)이라는 제목으로 한국 전통 음악과 무용을 소개하는 행사를 트위터에 광고했다. 해당 박물관은 영국인에게 생소한 설날(Seollal)이라는 단어를 설명하기 위해 'Korean Lunar New Year'라고 썼다. 즉 한국에서 쇠는 음력 설날이라는 뜻이다. 그런데 누군가 이 트윗을 중국 웨이보에 재게시한 뒤에 "중국 문화를 훔치는 한국을 돕는 대영박물관은 중국인에게 사과하라." 등의 거센 중국 네티즌들의 글이 빗발쳤다. 이에 놀란 대영박물관이 해당 트윗을 삭제했고, 대신에 토끼를 안고 있는 청나라 시대 여성의 그림을 올리고 'Chinese New Year'라는 해시태그를 달았다.

중국 네티즌 혹은 소분홍(小粉紅, 샤오펀훙)은 해외에서 중국의 문화가 침탈된다고 여기면 온라인에서 전랑(戰狼, 늑대전사)외교를 펼친다.[1] 한국인 입장에서 볼 때 도를 넘는 주장도 많다. 한복이 중국 명나라 의복이고 김치도 중국의 전통음식이라 강변한다. 넷플릭스 드라마 〈킹덤〉의 인기로 갓 열풍이 불었을 때는 중국이 갓의 원조라고 우겼다.

사실 인접국 간에는 역사와 문화를 둘러싼 갈등과 충돌이 잦기 마련이다. 유사한 언어와 역사를 지닌 페루와 칠레는 증류술 피스코(Pisco)와 날생선 샐러드 세비체(Ceviche)의 정통성을 놓고 싸운다. 싱가포르와 말레이시아는 날생선 샐러드 유생(Yusheng)의 원조 논쟁을 벌이며, 말레이시아와 인도네시아는 인도네시아 발리섬을 대표하는 전통무용의 뿌리를 놓고 갑론을박한다.

마찬가지로 캄보디아 전통무용과 태국 전통무용도 비슷한데, 2008년에 캄보디아가 양측이 공유하는 요소인 '손가락을 우아하게 구부리는 동작'을 유네스코 세계문화유산으로 등재하자 태국이 강하게 반발한 바 있다. 인류 공통의 문화유산을 기리자는 의도로 출발한 세계문화유산 등재를 놓고 오히려 민족주의적 경쟁이 치열해지는 양상은 당분간 계속될 것으로 보인다.

전 지구적으로 민족주의가 다시 발흥하고 있다. 지난봄 일본 여행 중에 호텔 방 책상 위에 성경이나 불경이 아닌 천황의 정통성을 강조하는 신화서인 『고사기 古事記』가 비치된 것을 보았다. 중국은 2012년 시진핑 집권 이래 배타적 애국주의가 극성을 부리고 있다. 현재 진행형인 우크라이나 전쟁에는 여러 요인이 있지만, 슬라브 민족주의에 기반한 러시아의 팽창주의가 한몫을 차지한다. 이스라엘·터키·이탈리아·헝가리 등 여러 국가에서 우파 민족주의 세력이 집권했으며 심지어 미국에서도 포용적 민주주의가 쇠퇴하고 우파 포퓰리즘이 득세하는 징후가 발견된다.

이들은 문화에 근거해 자신의 주장을 펼친다. 자국의 문화는 고유의 속성을 지니고 있어 원형대로 보존해야 하며, 타국의 침탈과 훼손을 용납할 수 없다고 말한다. 민족주의적 시선은 한류에도 침투한다. 2022년 9월 영국 런던의 빅토리아 앤드앨버트(V&A) 뮤지엄에서 9개월 예정으로 'Hallyu! The Korean Wave 한류! 더 코리안 웨이브' 전시회를 열었다. 170여 년 역사의 권위 있는 박물관에서 한류를 주제로 한 전시가 열리자, 국내에서도 큰 관심을 보였다.

필자도 부대행사인 한류 학술 세미나에 참석한 김에 그 전시를 참관했다. 전시는 한류의 여정에서 중요한 획을 그은 아티스트와 콘텐츠를 시기별·주제별로 배치했다. 영국 관람객을 위한 배려인 듯 한국 현대사의 주요 사건에 대한 설명도 덧붙였다. 그런데 이를 취재한 한 한국 언론이 "타인에 의해 만들어지는 건 결코 한류가 아니다."라고 표현하며 분노 섞인 기사를 내보냈다.

한류의 본질을 이해하지 못한, 민족주의적 시선에서 나온 보도였다. 걸그룹 마마무의 화사가 케이팝을 "수많은 사람들이 함께 일궈낸 아름다운 혼종이다."라고 적절히 정의했듯이 한류는 한국 것이기도 하지만 인류 문화의 총체적 수용체이기도 하다. 한국 콘텐츠에 포용성이 없다면 오늘과 같은 세계 곳곳의 한류 현상이란 불가능한 일이다.

후기식민주의 학파에 의해 발달한 혼종성(hybridity) 이론은 순수한 전통이나 독자적인 자국 문화라는 개념을 인정하지 않는다. 왜냐하면 문화는 다른 문화와 끊임없이 영향을 주고받으며 진화하기 때문이다.

예컨대 멕시코의 마야문명 유적지에서 관광상품으로 팔리는 원주민의 전통의상은 실제로는 스페인 등 여러 외부세력의 문화적 영향에 따라 변형된 것이다. 이탈리아 음식을 구성하는 필수 요소인 토마토는 불과 15세기에 유입되었다. 외국에서 흔히 한국인 정체성의 상징으로 인식하는 김치의 매콤한 맛은 고추가 유입된 임진왜란 이후에야 가능했다. 한국인의 일상적 소울푸드인 짜장면은 한식과 중화요리 사이에 놓인 경계 음식이다. 즉 혼종성 이론은 문화의 원조보다는 문화가 사람에 의해 어떻게 사용되고 실천되는가를 중시한다. 문화의 이용후생이 중요하다는 견해다.

문화적 다양성과 포용성을 고려한 '루나 뉴 이어'

각 나라 혹은 민족의 정체성은 문화를 근거로 형성되기 마련이다. 하지만 역사적 관점에서 바라볼 때 특정 문화의 성격과 양태는 일시성을 띤다. 여기서 잠시 문화의 개념을 좀 더 살펴보자. 문화(culture)는 '가꾸다, 키우다, 경작하다' 등의 의미를 지닌 라틴어 'colere'에서 시작해 교양과 예술로 그리고

민족문화의 개념으로 발전했다. 즉 문화는 결코 자연(nature) 그대로 주어지거나 확보된 것이 아니다. 특정 지역의 역사를 거쳐 형성되고 개선된 것이고, 끊임없는 변화를 그 속성으로 한다. 문화는 지금도 변하고 있으며 미래에도 변화할 것이다. 문화연구(Cultural Studies)는 현대 대중문화 분석에 있어 가장 영향력이 큰 이론체계이자 학문 운동이다. 이 문화연구도 문화를 고정된 개념이 아닌 다원주의적 실천으로 바라본다. 문화연구에서는 창의성을 발휘해, 물려받거나 주어진 구조를 바꾸고 새로운 의미를 생산하는 개인의(그리고 하위문화의) 행위성을 중시한다.

다시 차이니즈 뉴 이어 명칭 문제로 돌아가자. 미국 뉴욕시 플러싱(Flushing) 지역은 유대인·이탈리아인·그리스인 이민자를 거쳐 1970년대에는 한국인이, 1980년대에는 중국인이 상권을 개척한 곳이다. 1980년대 설날에는 플러싱 한인들이 떡국을 나눠 먹고 함께 윷놀이를 즐겼으며, 중국인들은 사자탈춤을 추고 퍼레이드를 했다. 음력 설에 각기 다른 문화적 실천을 나란히 한 것이다. 1990년대 들어 플러싱의 미국인·한인·중국인 이민자들이 음력 설 명칭을 'Lunar New Year 루나 뉴 이어'로 통일하기로 합의했다. 그리고 1999년부터는 '루나 뉴 이어 페스티벌'을 함께 치르고 있다. 또한 음력 설을 미국 공휴일로 만들자는 캠페인을 전개해, 결국 2015년에 이를 이뤄내

2023년 1월 대영박물관의
음력 설맞이 행사 광고.
(런던 한인 사이트)

미국 캘리포니아주
오클랜드(Oakland)시 박물관의
2023년 설날 행사 포스터.
(미국 오클랜드 박물관 사이트)

는 쾌거를 거뒀다. 미국 사회 내에서 약자일 수 있는 이민자 그룹의 단합을 보여준 상징적 사건이다.

'차이니즈 스탠더드' 구축 의식이 강한 중국

사실 중국인들은 아시아·유럽·미주·오세아니아·아프리카 등 세계 각지에 일찍부터 이민해 차이나타운을 곳곳에 건설했다. 차이니즈 뉴 이어는 중국에서 원래 사용되던 단어가 아니고 각국 주류사회(host society)가 타자(他者)인 중국인의 관습을 구별해 지칭할 목적으로 만든 것으로서, 이후 거꾸로 화교커뮤니티로 확산해 사용됐다. 이 논쟁에 대해 싱가포르의 문화학자 류카이쿤(Liew Kai Khiun)은 다음과 같이 소셜미디어에 썼다.[2]

이것은 우선 영어 문제다. '차이니즈 뉴 이어'는 중국 바깥의 민족 커뮤니티에서만 사용되는 영어 단어다. 나는 '中華新年'(중화신년. 차이니즈 뉴 이어의 한자 표기)이라는 한자 단어를 들어본 적이 없다. 나는 지금도 문자 메시지로 중국계/중국인 친구나 동료 싱가포르인들에게 영어로 "Happy CNY."라고 인사한다. 하지만 전통과 문화에 관한 언급은 시대와 조화를 이루어야 하고, 포용성과 다양성의 정신에 따라야 한다. 단일한 정의를 고집하는 것은 자신이 편협하고 인종차별적이라는 것을 드러낼 뿐이다. 영어로 쓸 때 '루나 뉴 이어'가 더 나은 이유는 이 단어가 아시아 여러 지역의 다양한 새해맞이 행사를 포괄할 수 있기 때문인데, 실제로 새해 축제는 국가마다 다른 명칭을 사용한다. 예를 들어 중국에서는 춘제, 베트남에서는 테트, 한국에서는 설날, 티베트에서는 로사르라고 부른다.

위에서 언급한 문화연구는 1980년대만 해도 '영국문화연구 British Cultural Studies'로 불렸다. 1960~90년대 영국의 버밍엄대학교(University of Birmingham)를 중심으로 일군의 학자들이 영국에 적합화된 이론과 문제의식으로 자국의 문화 현실을 분석하는 데 집중했기 때문이다. 그러던 것이 이제는 더 이상 '영국문화연구'라 불리지 않는다. 그 이론과 문제의식이 세계 전역으로 퍼져 각 지역의 문화를 분석하고 더 나은 문화환경과 실천을 고민하는 데 쓰이기 때문이다. 미국의 언론에서 기사 작성의 표준으로 삼는 『AP통신 스타일북』은 차이니즈 뉴 이어 대신 루나 뉴 이어를 사용할 것을 권장한다. 문화적 다양성과 포용성을 고려한 결정이다.

중국은 이러한 권고를 여전히 받아들이지 않을 가능성이 크다. 서구 제국주의로부터 당한 근세 100여 년간의 역사에 대한 피해의식이 강한 중국은 위대한 중화 질서를 회복하고 서구가 정한 '글로벌 스탠더드'가 아닌 '차이니즈 스탠더드'를 구축하겠다는 의식이 강하다. 이를 배경으로 문화의 원조에 대한 집착이 강한 나머지 피자·햄버거·축구·스키·골프마저 모두 중국에서 유래했다는 만물의 중국 기원론을 주장하는 세력도 나타났다. 중국 밖의 세계와는 전혀 다른 시각이다.

상호존중 없이 한류는 없다

그럼에도 중국은 우리의 이웃이다. 조금 과장된 표현이긴 하나 순망치한(脣亡齒寒, 입술이 없으면 이가 시리다는 뜻)의 관계라는 식의 외교적 수사가 곧잘 사용된다. 우리와 중국은 긴 역사를 통해 밀접한 관계를 맺어왔다. 중국의 여러 왕조는 헤아릴 수 없는 침략전쟁을 일으키기도 했으나, 문화발달과 문명 형성에 중요한 기여를 했다.

20세기 후반에는 대한민국이 중국에 경제발전 모델을 제공했다. 한국의 선진화된 기술과 경영방식이 중국의 풍부한 노동자원 및 거대시장과 결합해 양국의 경제 협력뿐 아니라 우호 관계 증진에 크게 이바지했다. 1990년대 후반 이래 발달한 한류도 중화권의 인구와 네트워크가 없었다면 성장할 수 없었다. 문화교류가 활발해지는 오늘날, 상호 문화 존중과 함께 문화 현상 뒤에 있는 맥락을 읽고 이해하는 지혜가 더욱 요청된다.

주석

1. 소분홍은 시진핑 집권 이후 등장한 극단적 애국주의에 물든 젊은 층을 의미한다. 소(小)는 젊다는 뜻이며 분홍(粉紅)은 이들이 생겨난 웹사이트인 '진장원쉐청 晋江文學城'의 배경색을 가리킨다. 전랑외교는 시진핑 집권 이후 나타난 거칠고 공격적인 스타일의 외교 정책이다. 전랑은 '늑대 전사'를 뜻하며 중국의 애국주의 액션 영화 〈전랑〉(2015)에서 유래했다.
2. 소셜미디어 포스팅의 링크는 다음과 같다.
   https://m.facebook.com/story.php?story_fbid=pfbid0yQVzbu8Q1c5An64mKxDYaZYQ8MsKfH5V6BG1ME9cQx8FcrMPRCA2zT9LWYwvDqpcl&id=690602

456&mibextid=Nif5oz
이 포스팅의 원문은 아래와 같다.
It's an English language problem. "Chinese New Year" only exist as an English language term in ethnic communities outside China. I, for one, have never heard of "中華新年". In text, I still greet ethnic/Chinese friends and fellow Singaporeans, sometimes in English with "happy CNY". But, traditional and cultural references should be kept in tune with times and with the spirit of inclusivity and diversity. To insist on a singular definition just makes one look insular and racist. Using Lunar New Year is preferred because it's more inclusive to other Asian New Year celebrations and the holiday is known by different names in different countries. For example, in China it is called Chūn Jié, in Vietnam it is known as Tết, in Korea it is Seollal and in Tibet it is called Losar.

다나카상 인기와
한류 유니버스

　다나카상 인기가 심상찮다. 다나카는 2000년대 초반 SBS 〈웃음을 찾는 사람들〉에서 큰 인기를 끌었던 개그맨 김경욱의 부캐(부차적 캐릭터, 멀티 페르소나)로 유흥업소 호스트 직업을 가진 일본인이다. 2022년 여름부터 유튜브 '먹방'을 통해 회자되더니(김경욱에 따르면 2018년부터 다나카상으로 활동했다고 한다.), MBC 〈라디오스타〉, CBS 라디오의 〈김현정의 뉴스쇼〉 등에 초대손님으로 출연해 더욱 큰 관심을 끌었다.

　그의 외모, 말투, 행동은 한국을 좋아해 한국에 와서 활동하는 실제 일본인 같다. 하지만 그가 가짜 일본인이라는 사실이 밝혀진 후에도 사람들은 이를 받아들이고 그의 인기는 더욱 올라갔다.

하긴 언젠가부터 부캐가 익숙한 시대다. 개그맨 유재석은 가수 유산슬로, 개그맨 김해준은 카페 사장 최준이라는 부캐로 상당한 인기를 누린다. 유튜브의 코미디 채널 〈피식대학〉은 부캐 콘텐츠로 채워져 있을 정도다. 메타버스 등 가상현실이 확대되면서 10대들 사이에 부캐를 만들어 소통하는 것은 새로운 문화가 되었다.

아무튼 다나카는 유튜브에서의 인기를 기반으로 여러 편의 광고와 패션잡지 화보를 촬영했으며, 심지어 여러 도시에서 단독 '내한 콘서트'를 열 정도로 엄청난 스타가 되었다. 참고로 그의 콘서트 티켓은 판매 개시 5초 만에 매진이 될 정도로 구하기 어렵다.

세련과 멋짐의 기호가 된 21세기 한국 대중문화

다나카상에 주목하게 된 것은 2022년 말 그가 자신의 록 발라드 '와스레나이 忘れない'를 발표하고선 엠넷(Mnet)의 음악 프로그램 〈엠카운트다운〉에서 노래하는 것을 시청했던 순간이다. 방송 카메라에 비친 여성 관객들은 마치 한류스타 콘서트장에 와 있는 듯 다나카를 연호하며 괴성을 질렀고, 즐거운 감정을 숨기지 못하는 표정으로 응원부채와 응원봉을 흔들며 그를 응원했다. 사실 이들 20대 팬은 어린 시절부터 케이팝 안무를 따라 하며 누군가의 케이팝 팬으로 성장한 세대다. 이들이 케이팝 세계에서 흔히 실천되는 '팬질'의 여러 관습을 다나

카에게도 시전하는 광경을 보고 다나카라는 텍스트를 읽음으로써 21세기 한국 대중문화의 여러 국면을 이해할 수 있으리라 판단했다.

그러고 보니 언젠가부터 우리 주변에 일본인이 많아졌다. 이들은 한국 드라마와 케이팝에 매료된 후 한국 음식과 한국 스타일에 찬사를 보내더니 결국 한국말도 꽤 잘하게 되고 한국인 친구를 사귀겠다며 한국을 방문한다. 한국 남자친구를 사귄 경험이 있으며 계속해서 한국을 좋아해 한국으로 유학을 온 한 일본인 대학원생이 있다.

이 학생에 따르면, 친지 가운데 한국 남성과의 연애를 꿈꾸는 일본 여성들이 많다고 한다. 실제로 최근 유튜브에는 한국에 거주하는 한일 커플을 주제로 한 영상과 '숏폼'(짧은 영상)이 많이 보인다. 이는 인구 이동의 관점에서 볼 때도 매우 흥미롭다. 1990년대까지만 해도 한국을 방문하는 일본인은 주로 중년 남성 비즈니스맨이었다. 그러던 것이 2003~04년 드라마 〈겨울연가〉의 인기와 함께 중년 여성이 방한 일본인 관광객의 대다수를 점하더니 최근에는 한일 젊은 세대 간 교류가 증가하고 있다.

현재 일본의 SNS에서 한국은 멋짐과 세련됨의 기호가 되었다. 일본 젊은이들은 "맛있어요.", "사랑해요.", "안녕하세요." 등을 가타카나로 바꾸어 쓰는 것에 더해 아예 한글로 '꿀잼', '심쿵', '화이팅' 같은 단어를 올리기도 한다. 이러한 언어

차용은 점차 진화해 피진(pidgin)어의 형태로 나아간다. 특정 언어의 어휘들이 토착 언어의 어휘들과 결합해 만들어진 혼성어를 뜻하는 피진은 장기간의 전쟁과 식민 등을 거치며 발생하곤 하는데, 때로는 하나의 유사언어로 발전한다.

『같은 일본 다른 일본』의 저자 김경화에 따르면, 한국어 '감사'를 가타카나로 표현한 '가무사'는 일본 SNS에서 자주 보이는 표현인데, 최근에는 일본어로 '하다'란 뜻을 지닌 '스루'와 합쳐져 '가무사스루'라는 동사가 사용되고 있다고 한다. 마찬가지로 한국에서도 언제부턴가 '간지'(멋지다), '닝겐'(인간), '가와이'(귀엽다)와 같은 일본어가 일상적 은어로 사용되고 있다. 또한 '부탁해요'라는 의미를 지닌 일본어 어미 '구다사이'를 활용해 '도움 구다사이' 식으로 말하는 젊은이들도 있다. 이러한 언어유희는 온라인상에서 '한본어'(한국어와 일본어를 섞어 재미난 구절 만들기)라고 알려져 있다. '직원분', '팬분', '손님분'과 같은 최근의 과잉 존칭 표현도 단어에 미화어(美化語)를 붙이는 일본어의 영향을 받은 것으로 추정된다.

가엽고 솔직한 매력에 어느새 무장해제

여하튼 요즘 젊은이들 문화에는 일종의 '취향적 지일(知日. 친일이라는 기표가 어디로 튈지 몰라 '지일'로 표현한다.)'이 존재한다. 대학 강의에서 가장 좋아하는 드라마와 영화를 소개하라는 과제를 주면 일본 애니메이션과 드라마를 발표하는 학생이 상당히 많다. 엔저 효과도 영향을 미치지만, 최근 한국 학생들의 일본 관광에 관한 관심이 매우 높다. 일본 정부관광국(JNTO)에 따르면, 2023년 1~9월 일본을 방문한 관광객 중 단일 국가 1위는 한국이었다(이상규, 2023). 서울 시내 여러 먹자골목에는 스시집과 이자카야가 즐비하다. 심지어 갈빗집에서 와사비가 소스로 제공되는 시대다.

다시 다나카로 돌아가 보자. 다나카상의 인기에는 몇 가지 약호(code)가 작동한다. 우선 일본인의 어설픈 한국어 발음이 자아내는 탈정치적 효과를 들 수 있다. 다나카는 망언을 일삼아 한국인의 대일 감정을 악화시키는 예의 그 '나쁜' 일본인이 아니라, 한 음절의 한국어 단어를 두 음절로 발음함으로써('먹방'을 '머끄방그'로) 웃음과 연민을 동시에 자아내는 존재다. 게다가 다나카는 인기 없는 호스트여서 돈벌이가 시원찮아 짝퉁 옷을 입고 게스트하우스에 사는 애처로운 존재다. 하지만 잔망스러운 몸놀림에서 드러나듯 그는 회복탄력성이 높고 대단히 유쾌한 사람이다. 사람들은 일본인이지만 가엽고 솔직한 매력을 지닌 그에게 어느새 무장해제되어 팬이 된다.

그런데 다나카의 몸과 언어는 성적(性的) 약호와 결합한다. 한국어 발음을 힘들어하는 일본인으로 설정된 다나카상은 꽃을 '꼬츠', 엠을 '에므', 브라더를 '브라자' 식으로 발음해 성적인 연상을 불러일으키며 웃음을 끌어낸다. 설상가상으로 그는 느끼한 목소리로 골반을 과하게 흔들며 춤을 춘다. 그런데 젊은 시청자층은 다나카가 활용하는 성적 약호를 친숙하게 받아들이고 거부감 없이 즐긴다. 우리 사회에 확산한 유튜브 문화가 그 연결고리다.

2022년에 데뷔한 걸그룹 뉴진스는 지상파방송의 예능프로에 출연하는 대신 여러 유튜브 예능 채널에서 신곡을 홍보했다. 젊은 층이 지상파를 시청하지 않는 대신 유튜브에 의존한다는 현실을 고려한 선택이다. 2023년에 개봉한 영화 〈유령〉과 〈교섭〉의 주연배우들도 홍보를 위해 지상파를 선택하는 대신 유튜브 채널에 먼저 출연했다. 전 세대를 아우르는 지상파 대신 더 자유로운 발언을 할 수 있으며 타깃층을 공략할 수 있는 유튜브가 선호된다.

한류라는 유니버스 안에서 살아가는 시뮬라크라

실제로 그간 지상파방송의 규제에 따라 설 자리를 잃었던 코미디언들이 유튜브를 통해 제2의 전성기를 맞고 있다. 유튜브 코미디 채널 〈숏박스〉와 〈피식 대학〉은 채널 구독자 수가 각각 270만 명과 250만 명을 상회하고 있으며, 에피소드에 따라 조회수가 1,200만을 넘기기도 한다. 그런데 이들 유튜브 코미디 채널은 지상파에서는 금기어에 해당하는 '호스트', '모텔', '조루'와 같은 성적 소재를 자유자재로 활용한다. 다나카상은 유튜브 시대의 자유로움이 만들어 낸 문화적 현상이다.

다나카상의 세계관도 흥미롭다. 다나카는 '세기말' 혹은

'20년 전'을 추억하게 만드는 여러 기호로 구성된 세계관 안에서 살아간다. 다나카는 1990년대와 2000년대 초반에 유행했던 섀기컷 헤어스타일, 타이트한 셔츠, 로고 버클이 달린 벨트, 돌청바지 패션을 고수한다. 게다가 그는 그 당시 한국에서 인기 있었던 일본 노래를 즐겨 부른다. 예를 들어 다나카의 최애곡인 'Endless Rain'을 부른 엑스 저팬(X Japan)은 서태지·김태원·적재 등 수많은 음악인에게 깊은 영향을 주었던 일본의 록밴드다. 이들의 히트곡 'Endless Rain'과 'Tears'는 1990년대 후반~2000년대 초반 여러 한국 드라마와 영화의 삽입곡이었으며 당시 10~20대 남성들의 노래방 애창곡이었다.

다나카상은 엑스 저팬 곡에 더해 일본 록밴드 라르크 앙시엘(L'Arc en Ciel)의 'Driver's High'와 애니메이션 〈원피스〉의 오프닝 곡 'We Are'를 자신의 콘서트에서 열창함으로써 1990년대부터 2000년대 초반 청소년 하위문화로 큰 인기를 얻었던 제이팝(J-pop)과 일본 스타일에 대한 향수를 불러일으킨다. 한국 대중문화 어딘가에 똬리를 틀고 있는 일본 문화의 영향을 인지하고 있는 팬들은 옛날 일본 노래를 부르는 무대 위의 다나카와 교감하고 그의 세계관에 참여한다.

그런데 다나카는 한류 현상에 기대어 자신의 서사를 구성한다. 다나카 연기를 하던 중 유창한 한국어로 인해 한국인이라는 정체가 들통날 위기에 처하면 그는 "한국 드라마에서 배웠다."라는 식으로 얼버무려 위기를 벗어난다. 어린 시절부터 부모님이 한국 드라마 팬이어서 한국인만 알 수 있는 지식을 일찍 습득했다는 식으로 변명한다. 그는 일본에서 활동하는 한류 스타들과 자주 콜라보해 유튜브 에피소드를 만든다. 장근석·김재중·카라·태양과 성시경 등 그의 유튜브 채널에 등장한 스타들은 다나카와 함께 일본의 한류에 관해 대화한다. 케이팝(K-pop)을 좋아해 한국에서 아이돌로 데뷔하는 게 꿈이라고 말하는 다나카의 발언은 최근 케이팝 인기를 둘러싼 핍진성(逼眞性)을 잘 드러낸다.

다나카는 "우리 일본은~"이라고 말하지만 "독도는 한국 땅이다."라고 선언함으로써 역사문제에 관해 팬들과 공감대를 형성한다. 결국 다나카상은 일본인이라는 원본을 복제했지만 원본과 분리된 표상으로서 독자적인 의미를 지닌 시뮬라크라(simulacra)다.[1] 팬들은 다나카상을 통해 길티 플레저(guilty pleasure)로 여겼던 '취향적 지일'을 즐기고 발산한다. 부캐는 가상현실이다. 하지만 우리가 그 캐릭터를 좋아할 때 그는 실재하게 된다. 다나카를 통해 팬들은 '식민 지배자' 일본이라는 맥락으로부터 자유로운 새로운 현실의 시뮬레이션을 경험한다. 다나카상 현상에 한류라는 매개변수를 대입하면 대중문화로 촘촘히 연결된 동아시아 하위문화의 자취를 짚어볼 수 있다. 다나카상은 한류라는 유니버스 안에서 살아가는 시뮬라크라다.

주석

1 시뮬라크라(simulacra)는 프랑스의 문화연구자 장 보드리야르(Jean Baudrillard)에 의해 널리 알려진 개념이다. 전통적인 의미에서 시뮬라크라는 원본의 복제물이다. 그런데 보드리야르는 현대사회에서 소비자들이 상품보다 그것의 광고, 즉 이미지와 기호를 원본보다 더 가치 있는 것으로 여기고 소비하는 상황에 주목했다. 복제물이 원본과의 연관성을 잃어버리고 오히려 원본이 시뮬라크라의 이미지를 따르게 되는 현상이 전개된다는 것이다. 보드리야르는 실재는 없으며 모든 것은 시뮬라크라라고 선언함으로써 미디어가 대중의 사고력을 마비시키고 길들이는 상황을 비판했다.

아티스트 IP와
케이팝의 미래

2023년 초, SM엔터테인먼트 경영권 분쟁이 신문 지상을 들썩였다. 이 분쟁은 SM이 상장기업이 되었음에도 불투명한 기업회계로 인해 소액주주들에게 손해를 끼치고 또 그럼으로써 기업가치가 추락하고 있다는 오랜 비판에서 비롯됐다. 특히 SM 창업자이자 총괄 프로듀서인 이수만이 내부거래를 통해 부당 이익을 편취하고 있다는 소문과 연결된다.

결국 2022년 행동주의 펀드 '얼라인 파트너스 자산운용'이 SM과 라이크기획(이수만의 개인회사) 간 프로듀싱 대가 지급 내부거래에 이의를 제기하고 감사를 선임했다. 2023년 2월 3일 SM 경영진은 이수만 전 총괄 프로듀서의 1인 체제가 아닌 사내 여러 독립 레이블 간의 '멀티 프로듀싱 체제 구축'을 골자로 하는 'SM 3.0' 전략을 발표했다. 이와 함께 SM은 제3자 배정 유상증자 방식으로 카카오에 신주와 전환사채를 발행하기로 했다. 주식시장은 SM 주가의 상승으로 반응했으며, 2월 7일 카카오가 SM 지분 9.05%를 획득했다고 공시했다.

SM 인수전에서 카카오의 승리가 의미하는 바

그런데 2월 10일, 방시혁의 하이브(HYBE)가 SM 인수 경쟁자로 등장했다. 하이브는 이수만이 보유한 SM 지분 18.46% 중 14.8%를 인수하는 계약을 통해 SM 최대주주가 되었다. 그러자 3월 7일 카카오는 주당 15만 원에 SM 주식을 공개매수해 지분 40%를 확보하겠다고 선언했다. 1조 2,000억 원 이상을 투입하겠다는 것으로, 이는 하이브와의 전면전을 의미했다. 카카오의 이 같은 대응에 하이브는 막대한 자금을 추가로 투자해야 한다는 부담에 더해 SM을 인수하더라도 이후 공정거래위원회의 독과점 심사를 통과하기가 쉽지 않을 것이라는 전망에 고심이 깊어졌다.

결국 하이브는 3월 12일 SM 인수 경쟁에서 물러나겠다고 발표했다. 카카오가 승리한 것이다. 3월 24일 카카오는 SM엔터테인먼트 지분 35%에 대한 공개매수에 성공하며 SM의 최대주주가 되었다. 카카오는 SM이 보유한 풍부한 K팝 콘텐츠를 바탕으로 엔터테인먼트 사업을 확장해 '한국판 디즈니'의 꿈을 펼칠 수 있게 되었다. SM 역시 카카오가 보유한 웹툰과 웹소설을 활용한 다양한 사업 전개의 기반을 마련하게 되었다. 하이브도 그저 패배한 것이 아니다. SM 인수 경쟁에서 물러난 하이브는 카카오와 플랫폼 협력을 하기로 협약을 맺은 것을 성과라고 밝힌다.[1]

길다면 길고 짧다면 짧다고 할 2개월여 동안 카카오-SM 측과 하이브-이수만 측은 치열한 여론전을 펼쳤다. 이수만의 공과에 관한 논쟁이 그 핵심 중 하나였다. 오랫동안 SM은 이수만의 회사라 해도 과언이 아니었다. 1970년대 통기타 가수이자 셀러브리티였던 그는 1980년대 미국 유학 중 케이블 채널 MTV를 접하며 '듣는 음악'에서 '보는 음악'으로의 패러다임 전환을 실감했다. 대중음악의 미래는 알앤비(R&B)에 영향을 받은 퍼포먼스와 비주얼에 있다고 확신한 그는 귀국과 함께 음악 프로듀서로 변신했다. 그는 1996년 보이밴드 H.O.T.를 대성공으로 이끌며 아이돌 음악의 트렌드를 선도해 '케이팝의 아버지'라 불린다. 비록 경영인으로서 여러 비판을 받았지만, 이수만의 기획력과 전략이 케이팝 발전에 결정적 역할을 했음은 부인하기 어렵다.

1999년 이수만은 동아일보 칼럼에서 H.O.T.를 '싱잉 엔터테이너'라고 정의함으로써 케이팝의 본령이 엔터테인먼트라는 점을 강조했다(이수만, 1999). 이후 이수만이 제시한 문화기술(culture technology) 개념은 아이돌 가수 개발의 전 과정인 캐스팅-트레이닝-프로듀싱-매니지먼트-마케팅을 전문화해 통합한 것으로 케이팝 산업의 특징으로 인식된다. 그는 해외 시장 개척에 앞장섰다. 2000년대 초반만 해도 불가능한 일이라 여겨졌던 일본 오리콘 차트 1위를 보아를 통해 달성했고, 2000년대 후반부터는 세계 각지에서 SMTown Live 공연을 펼치고 유튜브를 활용함으로써 케이팝의 세계화를 추구했다.

또한 외국 출신 멤버 영입과 해외 작곡가의 곡 활용, 비주얼 디렉터의 중용 등 케이팝의 제조방식이라고 할 만한 것들을 선도했다. 이수만은 이에 더해 증강현실(AR)과 메타버스(metaverse) 등 신기술을 대중음악에 접목하는 데에 앞장섰다. 예를 들어 걸그룹 에스파는 4명의 오프라인 멤버와 이들의 아바타를 포함한 8명의 구성원이 함께 활동하는 콘셉트이다. 이들의 노래는 온·오프라인의 멤버들이 공동의 적을 물리치며 유대감을 형성해 운명을 개척한다는 세계관을 드러낸다.

K팝 세계관이 갖는 효과와 그 영향력

세계관이라는 설정을 통해 케이팝은 두 가지 효과를 얻었다. 첫째, 세계관은 개별 아이돌의 콘셉트를 정당화하는 근거가 되어 아이돌 활동에 흥미로운 서사를 부여한다. 아이돌의 여러 활동은 이야기의 형식으로 만들어져 구성되고 보완되며 의미가 부여된다. 이를 통해 아이돌의 정보와 이미지, 감정과 활동은 IP(Intellectual Property, 지적 재산)가 되어 파편적인 활동과 텍스트를 통합하고 여러 파생상품을 새로이 생성한다. 현재 케이팝은 음반과 공연으로 수익을 내는 산업에서 굿즈와 IP 사업을 포함한 간접 참여형 매출이 더 중요한 종합 엔터테인먼트 산업으로 변모 중이다.

둘째, 세계관은 팬덤의 몰입감을 높여준다. 팬들은 노래 가사와 퍼포먼스의 의미를 세계관과 연관 지어 해석하고 대화하며 아이돌과 같은 시·공간 그리고 서사 안에 공존한다는 체험을 통해 더 단단한 팬덤 공동체로 진화한다. 이를 통해 기획사는 자칫 탈선할 수 있는 팬과 아이돌의 관계를 건전한 방식으로 제도화할 수 있다. 현재 케이팝을 대표하는 아티스트인 BTS의 경우 'BTS Universe'라는 세계관과 떼어놓고 생각할 수 없다. 이들은 꿈과 불안이 공존하는 청춘의 이야기를 사랑과 희망이라는 가치와 메시지로 노래해 세계 곳곳의 비주류와 소수자를 위로한다.

사실 하이브뿐 아니라 CJ ENM과 네이버 등 글로벌 콘텐츠 기업으로 도약하고자 한 여러 회사가 SM엔터테인먼트 인수에 관심을 가졌다. 이들의 전략은 아티스트 IP를 웹툰과 웹소설, 애니메이션, 게임으로 연결하고 아티스트를 콘텐츠 서사에 포함한 후, 이를 다양한 플랫폼에서 제공하는 것이다. 2022년 하이브는 스토리 구성에 참여한 방탄소년단 멤버들이 캐릭터가 된 〈인더섬 with BTS〉라는 게임을 출시했다. 같은 해 네이버 웹툰은 하이브 소속 아티스트들을 주인공으로 한 웹툰 5편을 국내·외에 출시해 큰 인기를 얻었다. BTS 멤버들

제66회 그래미 어워드(66th Annual Grammy Awards)가 케이팝 가수들을 후보로도 선정하지 않자, 미국의 전국지 〈USA Today〉(2023년 11월 13일 자)가 이를 비판하는 기사를 실었다.

이 조선시대 호랑이 사냥꾼으로 등장한 〈세븐페이츠: 착호〉, 엔하이픈 멤버들이 뱀파이어로 분한 로맨스물 〈다크문: 달의 제단〉, 투모로우바이투게더 멤버들의 모험담 〈별을 쫓는 소년들〉, 르세라핌 멤버들의 판타지물 〈크림슨 하트〉, 앤팀 멤버들이 늑대인간으로 등장하는 〈다크문: 회색도시〉가 그것이다. 각 웹툰의 OST는 출연한 아티스트들이 불렀다.

케이팝의 핵심은 아티스트와 팬덤의 동행이다

팬 플랫폼이 새로운 수익원으로 부상함에 따라 인기 있는 IP가 더욱 중요해졌다. 걸그룹 뉴진스 멤버들은 포닝을 통해 팬들과 사진도 주고받으며 친구처럼 소통한다. 단, 월 구독료 9,900원을 내야만 한다. 하이브는 팬들이 더욱 다양한 방식으로 아티스트와 상호작용하고 음악을 경험할 수 있도록 팬 플랫폼 위버스(Weverse)를 계속해서 업그레이드할 계획이라고 한다. 바야흐로 엔터사업의 핵심 비즈니스 모델이 IP 사업과 플랫폼 사업으로 쏠리고 있다.

이번 경영권 분쟁을 겪으며 여러 관계자가 케이팝의 미래를 거론했다. 하지만 분쟁을 지켜보는 동안 가슴앓이를 했던 SM 팬덤은 논의의 사각지대에 놓여 있었다고 해도 과언이 아니다. 아티스트를 헌신적으로 응원하는 팬덤이 없었다면 케이팝의 성장이 가능했을까? 댈러스 스마이드(Smythe)가 말한 바처럼 수용자를 상품으로 생산하고 거래하는 기획사와 콘텐츠 기업은 팬덤의 엄청난 에너지가 팬 플랫폼에 모이는 이유를 겸허하게 성찰해야 할 것이다(최은경, 2016).

팬들은 가장 중요한 자산인 시간과 감정을 사용한다. IP도 재산이기 이전에 여러 창작자와 아티스트의 열정과 땀의 결과물이다. 아티스트 IP와 플랫폼 사업을 경제적으로만 접근하는 것은 근시안적 발상이다. 아티스트와 팬 모두의 건강과 행복을 고려하는 관점의 재정립이 절실하다. 미래에도 케이팝 현상의 핵심이 아티스트와 팬덤 간 사랑과 땀, 눈물의 동행일 테니 말이다.

주석

1 2023년 10월 카카오는 SM엔터테인먼트 경영권 인수 당시에 하이브의 공개매수를 방해할 목적으로 SM엔터의 주가를 조작했다는 혐의를 받았다. 금융감독원은 카카오측 경영진을 검찰에 송치했으며, 카카오가 유죄 판결을 받게 되면 SM 엔터를 포기할 수 있다는 관측이 제기되고 있다.

미디어 세계화가
불러일으킨 여러 현상

과거에 상상하지 못했던 미디어 실천이 최근 일상적으로 이루어진다. 인터넷 발달과 OTT(Over-the-top media service) 확산으로 전 세계 수용자들이 타국의 대중문화를 손쉽게 접하게 된 것이다. 과거와 달리 중국 드라마를 챙겨보는 일을 어렵지 않게 여기게 되었고, 태국의 광고 영상과 일본 애니메이션을 즐겨 시청한다. 또한 한국 음악이 여러 국가에서 쉽게 즐기는 문화 메뉴의 하나가 되었다.

이러한 변화를 이해하기 위해서는 문화지리학적 관점이 필요하다. 1980년대 후반 이래 전개된 탈냉전과 신자유주의적 시장화는 인구·자본·기술의 초국적 이동을 가속화했다. 바야흐로 전 지구화 시대가 시작된 것이다.

특히 디지털 혁명으로 비롯된 미디어 기술의 발달은 음악과 영상의 탈영토화(de-territorialization)를 구현했다. 과거 홍콩 영화를 제외하고는 교역이 거의 없었던 아시아 권역 내 문화유통이 유례없는 다극적(multipolar) 미디어 생산과 역동적인 문화 소비 양상으로 크게 변모했다. 이는 1980~90년대에 예측되었던 미국 대중문화의 세계지배 및 소수문화의 소멸이라는 묵시론적 전 지구화 전망과는 조금 다른 결과다.

국제 문화유통의 지배적 패러다임 균열

지난 30여 년간 이루어진 미디어 문화의 변화와 발전에 관한 서술 관점은 다양할 수 있다. 그것은 디지털 혁명으로 인한 편리성 증진에 대한 논의일 수 있으며, 자본의 문화 지배력 강화에 대한 것일 수도 있다. 여기서는 탈미국화(탈서구화)의 관점으로 논의를 이끌어가고자 한다. 위에서 잠깐 언급한 바처럼 흥미롭게도 전 지구화는 일방적 미국화가 아닌 비서구의 다양한 음악·영상·정보의 생산과 유통을 촉진했다. 이러한 현실은 오랜 기간 국제 문화유통의 지배적 패러다임이었던 미국 문화 제국주의론의 현실 적합성(relevancy)을 비판하는 활발한 논의를 이끌었다(Chadha and Kavoori, 2000; Shim, 2006).

물론 할리우드로 상징되는 미국 문화산업의 생산물이 여전히 전 세계 각지에서 우호적으로 소비되고 있으며, 미국 문화산업의 규모에 필적할 만한 특정 국가의 대중문화가 존재하지는 않는다. 철학자 헤겔(Hegel) 개념을 원용하면, 미국 문화는 보편화된 특수(universalized particular)다. 하지만 근년에 한국·중국·터키·스페인·덴마크 등 신흥 미디어 강국의 출현과 더불어 여러 국가에서 확인되고 있는 다양한 미디어 유통은 탈서구화를 진지하게 거론할 근거가 되고 있다. 특히 디지털 혁명을 통해 역능이 강화된 풀뿌리 팬덤의 게릴라적 능동성과 참여문화(participatory culture)는 국제 미디어 유통의 활성화에 크게 기여했다(Jenkins, 2006).

이미 2010년대 초반에 팬들은 방송된 지 불과 몇십 분 안에 한국 드라마와 버라이어티쇼 파일에 중국어·영어·태국어 등의 자막을 입혀 전 세계로 배포했다. 이러한 '밑으로부터의 세계화 globalization from below'는 국경을 초월한 정동(affective) 공동체들의 출현을 추동했다. 싱가포르의 사회학자 추아벵후아(Chua Beng Huat, 2012)가 아시아 내 대중문화 유통이 새로운 동아시아 정체성을 만들었다고 주장할 정도다.

미디어 서사는 성찰과 상상을 확장한다

오늘날 미디어 콘텐츠의 국제 유통 활성화는 과거와 극명한 대비를 이룬다. 1970~80년대를 살았던 한국인에게 영상 미디어를 통한 아시아인의 이미지는 매우 정형화된 편이었다. 먼저 높은 오락적 완성도를 보여준 홍콩 영화 속 홍콩인은 화려한 도시적 삶을 누리지만 국가 부재로 인해 불안한 존재였다. 다음으로 홍콩 영화에 간혹 등장하는 동남아시아인 및 남아시아인은 범죄와 연루되거나 단순한 배경적 역할을 담당했다. 이들은 '오리엔탈 오리엔탈리즘적' 시선의 쉬운 대상이었다. 그다음으로 한국 영화와 텔레비전에 의해 만들어진 이미지로서 식민지 치하 조선인을 괴롭히던 무자비하고 야비한 성품의 관헌(공무원, 군인, 경찰 등)으로 정형화된 일본인이다. 마지막으로 중국인은 한국전쟁 당시 개별 인격체가 아닌 서로 구분되지 않는 공산당 무리였거나 혹은 중국집 요리사 등으로 묘사되었다. 당시 냉전에 따른 분리와 후기식민지적 자국 중심주의 상황의 결합이 만들어 낸 이러한 편협한 방식의 정형화는 주변 아시아 국가에서 생산된 미디어에서도 유사하게 진행됐다. 게다가 홍콩 영화를 제외하면 아시아 국가 간 미디어 유통은 매우 제한적이었다.

반면에 오늘날 우리는 외국 미디어를 편하게 즐기는 시대에 살고 있다. 타국의 미디어 서사를 챙겨봄으로써 시청자는 그 나라의 사회적 이슈에 대해 새로운 지식과 시각을 확보·축적하고, 이를 통해 자신의 개인적·사회적 삶과 그 조건을 되짚어 본다. 미디어 수용자들의 이러한 자기 반영성은 시간적으로 과거를 향할 수도 또 미래로 나아갈 수도 있다. 과거를 향하는 것의 예시는 외국의 TV 드라마와 영화를 감상하고 평가하며, 이를 통해 자신의 지난 삶과 시대를 반추하는 것이다. 이는 흔히 사회경제적 발전 정도가 높은 사회의 시청자들이 그렇지 않은 국가의 영상물을 시청할 때 느끼는 노스탤지어 감정과 연관된다. 그와 반대로 미래를 향하는 것의 예시로는 근대적 제도와 규범이 충분히 토착화되지 않은 국가의 시청자들이 선진국의 영상물을 시청함으로써 보다 나은(사실은 나아 보이는) 미래를 상상하는 것이다. 예를 들어, 신흥 경제국가인 라오스와 미얀마의 시청자들은 태국과 한국의 TV 드라마를 시청함으로써 자국의 미래 청사진을 그리게 된다.

자기 반영성의 또 다른 흥미로운 사례는 다음과 같다. 자국의 해외 침략 역사에 대해 무지했던 일본인 중 일부는 한국 드라마의 팬이 됨으로써 한·일 간 역사에 관심을 갖게 되어 학교에서 배우지 않았던 자국의 제국주의 역사를 스스로 공부하기 시작했다. 다시 말해, 미디어 문화유통에 따른 상징적 연결성은 자신의 사회문화적 삶과 더불어 자국과 인접국 간의 역사적 관계를 비판적으로 성찰할 중요한 기회를 만든다. 이들은 자국의 근대화와 산업화 도정에서 경험했던 많은 사건이 외국에서도 유사하게 발생했다는 사실을 깨닫고 곧잘 놀란다. 미디어의 매개를 통해 만나게 되는 수용자는 자신과 타국인이 생각보다 공통점이 많으며, 결국 차이점과 갈등도 해소할 수 있으리라는 생각을 하게 된다.

개별 시청자들에게 국제적 시각과 함께 타자에 대한 포용력을 배양할 것으로 여겨지는 미디어 국제주의는 아이러니컬하게도 민족주의를 강화하기도 한다. 특히 세계화의 진전을 자국의 정체성과 고유문화에 대한 위협으로 여기는 제3세계 여러 정권과 정치단체 및 종교조직들은 적대적이고 배타적인 민족주의를 강화한다. 대표적인 예로 급진적 수니파 무장단체인 이슬람국가(IS)를 들 수 있다. 또한 국가 간 상호소통의 경험이 충분하지 않은 동아시아에서 유사한 반응도 발생했다. 갑작스럽게 등장한 한류를 위협으로 느낀 중화권과 일본에서의 혐한류 및 반한류가 그러하다.

미디어와 인종·젠더 감수성

넷플릭스와 같은 OTT와 유튜브를 비롯한 소셜미디어를 통해 국제 미디어 유통이 원활해지자 서구에서 이뤄지는 아시아인 재현의 문제점도 재조명되고 있다. 할리우드에서 행해지는 오리엔탈리즘적 묘사와 화이트워싱(whitewashing)에 대한 비판은 지난 100여 년간 계속되고 있지만 변한 것은 거의 없다. 21세기에 만들어진 영화 몇 편을 살펴보도록 하자.

2015년에 출시된 미국 영화 〈피치퍼펙트2 Pitch Perfect 2〉는 노래를 통한 대학생들의 화합과 협력이라는 서사를 갖고 있는데, 극 중 유이(有二)한 동양인 캐릭터는 음침한 표정과 말투로 일관하는 아웃사이더들이다. 2016년 영화 〈그레이트월 The Great Wall〉에서 중국인 주인공 역할은 동양인 배우가 아닌 맷 데이먼(Matt Damon)이 맡았다. 화성에 표류한 과학자 이야기인 〈마션 The Martian〉의 경우, 주인공의 생존을 확인하는 중요한 캐릭터는 원작 소설에서 한국계 여성 과학자로 설정되었다. 하지만 영화에서는 이 역을 백인 여배우 맥킨지 데이비스(Mackenzie Davis)가 맡는 것으로 수정되었다.

현대사회에서 타자에 대한 인식과 상상적 접촉이 미디어를 기초로 해 이루어진다는 점을 고려할 때, 누가 미디어 텍스트에 포함되고 배제되는지의 문제는 매우 중요한 사안이다. 이러한 포함과 배제의 정치학에 관한 질문은 우리 자신에게도 향해야 한다. 서구가 비서구에 대해 행했듯이 한국도 비서구에 대해 정형성에 기초해 이미지와 기호를 만들어 내는 것은 아닌지에 대한 진지한 논의가 필요하다. 코로나 팬데믹 이전에도 영화는 바이러스의 사회적 위험성을 여러 차례 경고했다. 그런데 1995년에 국내 개봉한 미국 영화 〈아웃브레이크 Outbreak〉는 한국인 선원을 에볼라 바이러스의 숙주로 설정해 관객들의 분노를 자아냈다. 반면 2013년 김성수 감독의 영화 〈감기〉는 밀입국 외국인 노동자들을 국가적 위기를 초래한 신종 감기 바이러스의 숙주로 묘사했다.

미디어 텍스트는 제작국의 사회적 감정구조를 잘 드러낸다. 결국 유통되고 있는 미디어 텍스트가 어떠한 사회적 의미를 포함하고 촉진하는지에 대해 진지하게 고민해야 한다. 선택에 따른 소외와 배제의 대상은 무엇이며 선택으로 희화화되는 의미는 무엇인가? 미디어는 젠더·성적 지향성·인종·민족·지역·계급 등의 요소와 관련해 소수자와 외국인을 공정하게 취급하고 재현하는가? 최근 케이팝 뮤직비디오와 한국 드라마가 인종적·젠더적 감수성이 부족하다는 비판을 받고 있다. 그동안 한류 관련 논의에서 수출과 그 경제적 효과에만 몰두하다가 간과한 재현의 문제에도 관심을 가져야 한다. 차이에 대한 차별, 차이에 따른 차별을 문제시하고 숙고할 필요가 있다. 궁극적으로는 어느 누구도 미디어를 포함한 공적 공간(public sphere)에서 소외되거나 배제되지 않아야 할 것이다.

전 지구화 시대가 우리에게 던지는 메시지는 현대의 많은 문제에 대한 고민과 해결책 모색을 국가 경계라는 조건에 가두지 말라는 것이다. 수많은 이슈와 문제점들이 초국가·탈경계적으로 발생하고 있으며 쉽게 월경한다. 국가와 민족은 여전히 중요하고 그 영향력이 크지만, 개인은 국가와 민족을 넘어 사고하고 전망하는 태도를 지녀야 할 때이다.

트와이스 '쯔위' 사건이
몰고 온 파문

한류 드라마와 영화의 대표적인 장르는 로맨스라고 할 수 있다. 그 로맨스 장르도 2000년대 초반 〈가을동화〉, 〈겨울연가〉 등으로 대표되는 순수하고 애틋한 사랑 이야기에서 〈별에서 온 그대〉, 〈태양의 후예〉, 〈사랑의 불시착〉 등 보다 현대적이고 통통 튀는 유머가 가미된 젊은 취향의 사랑 이야기로 진화했다. 로맨스 스토리는 파급력이 꽤 크다. 겨울연가의 배경이었던 남이섬은 2023년에도 여전히 아시아 관광객들의 필수 방문코스다.

그런데 텍스트는 한 장르에 고정되지 않고 여러 장르적 요소를 함께 지니곤 한다. 돌이켜 보면 2000년대 초반 학술회의에서 만난 외국 학자들뿐 아니라 당시 필자가 가르쳤던 싱가포르 대학생들이 최고의 한류 콘텐츠로 〈엽기적인 그녀〉를 꼽곤 했었다. 〈엽기적인 그녀〉가 어떤 흥미를 주었냐고 물었더니, 로맨스지만 줄거리가 독특하고 무엇보다 연인관계의 여성이 남성을 폭력적으로 제압하는 방식이 신기하면서도 꽤 재미있었다고 대답했다. 그러고 보면 2000년대 초반에 연이어 등장한 〈친구〉, 〈조폭 마누라〉 시리즈, 〈말죽거리 잔혹사〉 등 여러 폭력물이 한류의 한 흐름을 구성하던 시절이 있었다.

한류의 정치적 영향력을 확인하게 한 일대사건

표현의 수위 조절이 자유로운 글로벌 OTT가 한류 열풍을 이끄는 요즘, 한국 드라마는 학교폭력(학폭) 재현과 청소년의 고통에 대한 조명으로 새로운 획을 긋고 있다. 2018~19년 〈스카이캐슬〉이 가혹한 학교 현실을 드러내 전 세계 시청자를 경악하게 한 데 이어, 2022년만 해도 〈지금 우리 학교는〉, 〈소년심판〉, 〈3인칭 복수〉, 〈약한 영웅 Class 1〉 등이 학폭과 그에 맞서는 스토리를 선보였다. 2022년 연말에 공개된 〈더 글로리〉는 앞선 드라마들처럼 넷플릭스가 공식 집계하는 비영어권 TV 시리즈 부문에서 1위에 올랐다.

드라마의 학폭 장면에 대해 끔찍하다는 반응이 많지만, 더 글로리는 태국에서 선한 영향력을 발휘했다. 시청자들은 #TheGloryThai 해시태그 운동을 펼쳐 인기 연예인의 과거 학폭 사실을 고발했다. 결국 2023년 1월 옴 파왓 찌사왕디

(Ohm Pawat Chittsawangdee) 등 여러 인기 연예인이 학창시절 가해행위를 사과하는 글을 트위터에 올렸다. 한류의 영향력이 크다 보니 이처럼 의도치 않은 나비효과들이 외국에서 발생한다. 그중 2016년에 일어났던 소위 '쯔위 사건'은 한류가 지닌 국제적 영향력과 한류 산업의 현실에 관해 여러 생각거리를 던진다.

2015년 11월에 신인 걸그룹 트와이스의 대만 출신 멤버 쯔위는 같은 그룹의 외국인 멤버인 모모, 미나, 사나와 함께 MBC 방송의 예능 프로그램 〈마이 리틀 텔레비전〉의 인터넷 생방송에 출연했다. 추후 편집된 텔레비전 본방송에서는 보이지 않았으나, 이들은 제작진이 준비한 각자의 출신 국가 깃발을 손에 쥐었고 쯔위는 당연하게도 대만의 국기인 청천백일만지홍기(靑天白日滿地紅旗)를 흔들었다. 그리고 이 일은 잊힌 듯했다.

그런데 다음 해에 묘한 사건이 발생한다. 당시에도 자국민이 K-pop 씬에서 데뷔하면 뉴스거리가 되던 시절이었다. 갓 데뷔했을 뿐인데도 쯔위는 이미 모국에서 '대만의 빛 台灣之光'이라는 별명으로 불리며 사랑을 받고 있었다. 2016년 1월, 대만의 한 방송 프로그램에서 사회자는 쯔위가 대만 깃발을 들고 있는 장면을 캡처해 보여주며 참 애국자라고 쯔위를 칭찬했다. 며칠 후인 1월 8일, 대만 출신이긴 하나 중국을 주 무대로 활동하는 가수 황안(黃安)이 위 사실을 꼬집어 쯔위가 "대만 독립을 부추긴다."라는 글을 웨이보에 올렸다.

이 글이 엄청난 파장을 몰고 왔다. 대만을 자국의 일부로 여기는 중국인들이 온라인상에서 쯔위를 무차별적으로 비난했다. 중국 내 여론이 나빠지자, 쯔위를 스마트폰 광고모델로 기용했던 화웨이가 해당 광고를 중단했다. 안후이 위성TV(安徽卫视)도 설 특집 프로그램인 〈춘완 春晚〉에 트와이스를 출연시키려던 계획을 취소했다. 이에 더해 중국 네티즌들이 쯔위와 같은 JYP엔터테인먼트 소속인 2PM과 갓세븐의 예정된 중국 공연을 거부하는 캠페인을 벌였다. 이에 따라 JYP의 주가가 하락했다. JYP는 이 사태를 수습하기 위한 두 차례의 사과문을 통해 트와이스의 중국 활동을 잠정 중단하고 하나의 중국을 인정한다고 선언했다.

그럼에도 심상치 않은 분위기가 계속 이어지자 2016년 1월 15일에 쯔위가 직접 JYP의 공식 웨이보와 유튜브 계정을 통해 사과 동영상을 발표했다. 이를 통해 쯔위는 "중국은 하나다. 양안(兩岸. 중화인민공화국과 중화민국)은 단일한 국가다. 본인은 중국인임에 자부심을 느낀다."라고 밝혔다. 중국 언론이 발빠르게 대응했다. 쯔위의 동영상이 공개된 직후 중국 공산당 기관지 인민일보의 자매지인 환구시보(環球時報)가 "우리는 오늘로 전도양양한 중국의 미소녀를 얻었다. 쯔위에게 악플이나 악행을 하면 용서하지 않겠다."라는 기사를 내보냈다. 마치 회개한 탕아를 포용하고 격려하는 듯한 메시지였고 쯔위의 조국이 대만이 아닌 중국임을 은근히 내비치는 뉘앙스로 쯔위에게 '중화의 빛 中华之光'이라는 별명까지 붙여주었다(헤럴드경제, 2016).

한편 쯔위의 사과 동영상은 대만 여론을 격앙시켰다. 대만인들은 14살의 어린 소녀에게 공개적 사과를 강요한 JYP에 분노했다. 또한 대만의 국가 주권을 부인하는 중국 정부와 네티즌, 자국민을 제대로 보호하지 못하는 대만 정부와 정치인 그리고 가수 황안을 향해 거센 비난을 퍼부었다. 분위기가 심상치 않게 흘러가면서 친중국 노선을 견지했던 대만의 여당 국민당이 큰 곤경에 빠졌다. 국민당은 허겁지겁 입장문을 내며 대만인이 외국에서 청천백일만지홍기를 흔드는 것에 대해 사과를 강요해선 안 된다고 발표했다.

쯔위의 동영상이 공개되고 환구시보가 관련 기사를 낸 다음 날인 2016년 1월 16일은 공교롭게도 대만 총통 선거일이었다. 쯔위 사건은 이 선거에 결정적인 영향을 미치게 된다. 결과를 예측하기 어렵다던 며칠 전까지의 예상과 달리, 대만 독립 노선을 추구해 온 민주진보당의 차이잉원(蔡英文) 후보가 압승했다. 개표 결과가 나온 직후에 행한 연설에서 차이잉원은 "총통으로 재임하는 한 대만 사람이 대만 국민임을 표현하는 것에 대해 사과하는 일은 없게 하겠다."라고 선언했다(천금주, 2016).

쯔위 사건이 드러낸 욕망과 갈등의 아시아

쯔위 사건은 한류와 케이팝이 처한 상황을 잘 드러내는 다층적인 텍스트다. 암울한 IMF 경제위기 끝에 나타난 한 줄기 빛 같았던 한류 현상과 케이팝 산업은 자본주의적 성장을 거듭했다. 케이팝 산업은 수익 확대를 위해 아이돌을 음악에 가두지 않고 드라마, 영화, 광고, 리얼리티쇼와 정부 홍보물에 출연시킨다. 이 과정에서 아이돌의 외모, 스타일, 무대 위 동작뿐 아니라 일상생활을 통제한다. 여성 아이돌의 육체와 성(性)은 더욱 가혹하게 관리된다. 기획사는 상품화된 아이돌 이미지를 시장에 내놓는다.

JYP의 박진영 대표는 자신의 사과문에서 "쯔위는 지난 며칠간 많은 것을 느끼고 깨닫고 반성했다. 그녀의 부모님을 대신해 잘 가르치지 못한 저와 회사의 잘못이 크다."라고 말했다. 케이팝 산업 내 가부장적 통제 문화를 드러내는 표현이다. 결국 그 사과 동영상은 자신의 꿈을 위해 한국에 온 한 대만 소녀가 '꿈의 무대'가 아닌 냉혹한 자본주의 시스템에 포획되었음을 방증한다.

또한 쯔위 사건은 동아시아 내에 감춰져 있던 정치적 욕망과 갈등의 구조를 드러냈다. 협소한 국내 시장이라는 조건을 안고 있는 케이팝 산업에 있어서 해외시장은 매우 중요하다. JYP는 중화권 시장 공략을 목적으로 쯔위를 발탁했다. 하지만 JYP는 중화권의 가장 큰 시장인 중국만을 염두에 두었을 뿐 중화권 내부의 미묘한 정치 역학에 무지했다.

중국인들은 쯔위 사건 초기 아티스트와 기획사에 사과를 요구해 이를 관철함으로써 자신들이 한류가 만들어 낸 장터에서 가장 힘이 센 존재임을 확인받으려 했다. 반면에 대만인들은 '오늘의 쯔위, 내일의 대만인'이라는 슬로건으로 쯔위의 봉변이 대만인 모두의 것임을 강조했다. 그들은 대만의 국가 주권을 무시하고 옥죄는 중국에 맞서 투표로써 독립적 정체성을 세우려 했다.

한편 쯔위에게 애국적 태도 표명을 요구했던 중국인들은 그해 여름 걸그룹 소녀시대의 윤아를 같은 방식으로 압박했다. 2016년 7월, 중국과 동남아시아 국가들 사이에 남중국해 영유권을 둘러싼 논쟁이 첨예하게 발생했다. 당시 중국 국적의 한류스타들인 에프엑스의 빅토리아, 엑소의 레이, 미쓰에이의 페이와 지아, 피에스타의 차오루, 슈퍼주니어M의 조미가 자신들의 SNS 계정에 '중국일점도불능소(中國一点都不能少, 중국의 영토는 한 점도 작아질 수 없다는 뜻)'라는 문구를 올려 중국 측 주장을 지지했다. 중국 네티즌들은 윤아가 지지 대열에 동참하지 않자 "중국에서 활동하며 돈을 버는 당신의 입장은 무엇인가?"라고 하며 남중국해 문제에 대한 견해를 밝히라고 압박했다(김윤정, 2016).

반면 인도네시아·베트남·필리핀 등지의 팬들은 "우리는 윤아를 매우 사랑한다. 중국을 지지하지 말아 달라. 그러면 우리는 매우 슬플 것이다."라는 의견을 온라인에 개진했다. 그로부터 몇 주 후 한국 정부의 사드(THAAD) 배치가 결정되자 한·중 외교는 극단으로 치달았다. 중국은 한국 대중문화의 자국 내 송출과 소비를 금지하는 한한령(限韓令)을 내렸다. 한류가 국제 정치와 무관할 수 없음을 잘 보여주는 대목이다.

타자에 대한 이해와 국제관계 감수성

쯔위 사건과 사드가 불러일으킨 긍정적 효과가 있다면 무엇일까. 반도의 반쪽 그것도 육로로는 오도 가도 못하는 맹지에 갇혀 협소한 국제관계 감수성을 지녀온 한국인들이 새로운 방식으로 아시아와 세계를 바라보게 된 것이 아니었을까. 당시 국내 언론의 활발한 보도에 따라, '잊힌 국가' 대만의 역사와 양안 관계 그리고 한반도를 둘러싼 국제관계에 대해 좀 더 폭넓은 이해가 가능해졌다. 또한 1992년 수교 이래 한국경제의 믿음직한 파트너로 인식돼 온 중국이 거친 전랑외교를 일삼을 수 있다는 사실도 확인했다.

한류와 케이팝은 앞으로도 동아시아 정세라는 격랑 속에서 문화·정치적 영향 관계의 자장 안에 놓일 것이다. 경제적 이익만 얻는다면 그만이라는 식의 한류 전략은 지극히 근시안적이다. 이 같은 사고나 발상은 이후 한류 전략에 부정적 영향을 미칠 뿐 아니라 한국 문화를 전 세계적으로 알리는 데 치명적 약점으로 작용할 수 있다. 눈을 크게 뜨고 한류가 불러일으키는 여러 파급력에 주목한다면, 한국인이 그간 결여했던 타자에 대한 이해와 포용력도 개선될 것으로 보인다. 당연히 국제관계 감수성도 높아질 것이다.

한 미국 학자와의 만남, 흑인음악과 케이팝

2022년 『케이팝은 흑인음악이다』라는 제목의 책을 민원정, 정수경 선생과 함께 번역해 출간했다. 책의 원제는 『Soul in Seoul』인데, 저자인 크리스털 앤더슨(Crystal S. Anderson) 교수가 흑인음악 소울과 한국의 수도 서울(Seoul)의 음가가 유사하다는 데 착안해 제목을 그렇게 지었다.

번역서가 출간된 후 여러 언론의 서평란에서 대서특필해 주는 등 반응이 나쁘지 않았다. 간혹 케이팝을 '흑인음악'으로 정의 내린 것이냐는 질문을 받은 경우가 있었는데, 그럴 때마다 다음과 같이 대답했다.

그것은 아니다. 다만, 케이팝의 발전에 상당한 지분을 갖고 있으면서도 정

크리스털 앤더슨 미국 조지 메이슨대 교수.

작 공식적인 음악사에서 종종 누락되는 흑인음악의 기여를 수사학적으로 강조함으로써 원저자의 뜻도 살리고 우리 사회의 인종주의적 태도에도 경종을 울리고자 하는 의도에서 책 제목을 그렇게 정한 것이다.

흑인음악은 케이팝의 절친이다

저자 크리스털 앤더슨을 2013년 봄 미국 워싱턴 D.C. 대중문화학회(PCA: Popular Culture Association Conference)에서 처음 만났다. 그녀는 필자가 속한 세션의 청중석에 앉은 유일한 흑인이었다. 그간 참석한 세계 각지의 한류 연구 세션장에서 흑인을 접한 것은 그때가 처음이었던 것으로 기억한다. 필자의 발표 내내 미소를 머금고 고개를 끄덕이며 경청하던 크리스털이 세션이 끝나자 다가와 말을 걸었다. 필자의 논문을 통해 많이 배웠는데 드디어 만나게 되어 너무나 기쁘다며 은근히 추어올렸다. 하지만 대화가 길어질수록 그녀가 한국 드라마와 케이팝의 '어마어마한' 팬이고 뛰어난 한류 전문가임을 알아챌 수 있었다. 이미 그때 그녀는 케이팝에 이바지한 흑인 음악에 관한 저술이 없음을 아쉬워하며 이에 대한 연구계획을 얘기했다. 그 이후 『Journal of Fandom Studies』라는 학술지의 한류 특집호 편집을 함께 책임지며 우리는 연구 동료로서 관계를 이어 나갔다.

오랜만에 그녀가 연락한 것은 2020년 2월 말이었다. 그간 한류와 아시아 대중문화 연구에 대한 소속 대학의 편견 등 몇 가지 이유로 인해 어려움을 겪었다는 사실을 알고 있었다. 크리스털은 본인이 오랫동안 준비한 책이 나온다며 추천사를 요청했다. 원고 파일을 읽으며 그녀의 노력에 감탄했다. 지난 30여 년간 발표된 케이팝의 주요 곡을 음악, 퍼포먼스, 가사의 측면에서 꼼꼼히 검토했으며 이를 미 흑인 대중음악의 역사와 연결 지었다. 간혹 그녀의 흑인 중심적 해석과 시각이 불편한 적도 있었지만 조금씩 그녀의 통찰과 지식에 매료되었다.

사실 2020년 2월은 한류 팬이라면 잊을 수 없는 때다. 이미 그 몇 년 전부터 BTS가 '21세기 비틀스'로 불리며 어느 케이팝 아이돌도 가보지 못한 경지를 개척하고 있던 터에 영화〈기생충〉이 아카데미상 시상식에서 작품상·감독상·각본상·국제영화상 등을 수상하며 한국 대중문화가 변방에서 세계 중심으로 이동하고 있음을 만천하에 고했다. 해외 언론은 연일 〈기생충〉과 한류에 관한 기사를 쏟아냈고, 해외 학계는 한류 관련 세미나와 학술대회를 대대적으로 기획했다. 필자만 해도 그즈음 이탈리아의 학자로부터 5월 한 달간 이탈리아 내 여러 도시를 순회하는 한류 강연 시리즈를 함께 하자는 제안을 받았다. 하지만 곧이어 전 세계를 덮친 코로나바이러스가 한류 열기에 찬물을 끼얹었다. 이탈리아 측에서 계획 취소를 알려 왔고, 어둡고 두려운 역병이 오래도록 인류를 위축시켰다.

더욱이 서구에서는 코로나 바이러스의 원인 제공자로 아시아인을 겨냥하고 있었다. 어쩌면 케이팝을 바라보는 혐오 시선도 이와 비슷하지 않을까 하는 생각이 들었다. 사실 지난 수년간 자국의 전통문화가 케이팝에 의해 침탈되고 있다고 비난하는 해외 팬들의 목소리가 커지고 있었다. 무엇보다 미국 흑인 커뮤니티가 서태지와 아이들 이래 상당한 한국 음악이 흑인음악을 인용했음에도 불구하고 이를 혼종성이라는 추상적인 개념 수준에서 얼버무리고 있다며 불만을 표시하던 터였다. 이들은 미국 내 한국 드라마와 케이팝 팬덤에서 차지하는 흑인 팬의 비중이 다른 인종에 비해 높음에도 불구하고 한국 언론의 해외 한류 보도에서 흑인이 '보이지 않는' 존재라는 점도 꼬집었다. 그런데 크리스털의 책은 진중했다. 케이팝은 흑인음악을 침탈하기보다 진정성 있게 참조하고 있다는 분석을 내세웠다. 책을 번역해 흑인 학자의 또 다른 시선을 한국 사회에 알려야겠다고 생각하게 되었다.

케이팝 매력의 근원은 한국 문화에 있다

이 책은 케이팝과 한류에 관해 성찰할 거리를 여럿 던진다. 첫째, 케이팝을 다음과 같이 정의한다.

1990년대에 등장해, 세계화의 기치 아래 다양한 장르와 적극적인 소통을 하고 그 과정에서 혼종성의 특질을 갖추게 된, 한국 음악의 여러 장르를 포괄하는 '우산'.

실제로 케이팝은 수많은 외국 음악 문화와 장르의 영향을 받았다. 사실 타문화의 영향을 받지 않고 성립한 민족음악이 가능할까? 이 책에서 저자는 미국 흑인음악이 케이팝에 가장 큰 영향을 미쳤다는 점을 분명히 하고 있다. 사실 국내 여러 비평가도 케이팝이 흑인음악의 영향을 많이 받았고 아시아 대중음악 중 가장 '흑인음악답다'라는 점을 지적하곤 한다. 참고로 박진영은 본인이 흑인음악을 추구하며 미국의 모타운 레코드(Motown Records)를 기반으로 JYP를 설립했다는 고백을 여러 차례 했다(유진모, 2010; 정혁준, 2022). 모타운은 1960~70년대 미국 흑인음악을 대중화한 전설적인 레이블이다.

둘째, 저자는 케이팝의 글로벌 성공에 팬의 역할이 크다는 점을 강조한다. 케이팝이 서구의 음악 전문 매체에서 경시되고 있을 당시에도 각국의 팬들이 온라인에서 케이팝 리뷰 글을 많이 올려 일종의 음악언론(music press)으로서 기능했다. 게다가 저자에 따르면, 음악 리뷰에 참여하는 진지한 팬일수록 케이팝이 흑인문화를 도용한다고 주장하기보다는 미국 흑인음악을 진정성 있게 참조한다는 점을 인증한다고 한다.

셋째, 저자는 흑인음악 혹은 알앤비(R&B) 장르가 오랜 기간에 걸쳐 글로벌화했음을 지적하며 케이팝을 글로벌 흑인음악의 한 갈래로 볼 수 있다고 주장한다. 예를 들어 브리티시 소울, 스칸디나비안 알앤비 등이 그것이다. 또 저자는 이를 논증하기 위해 외국의 팬과 음악 언론이 빅마마, 박효신, 자이언티, 혁오밴드 등 우리나라 여러 뮤지션의 음악성과 퍼포먼스를 어떻게 평가·분석하는지에 대해 광범위하게 서술했다. 나아가 아레사 프랭클린(Aretha Franklin), 어스 윈드 앤드 파이어(Earth, Wind & Fire), 닥터 드레(Dr. Dre) 등 흑인 뮤지션들의 음악과 퍼포먼스에 관한 분석을 통해 케이팝과 흑인음악이 언어를 초월해 친연성을 가지고 있음을 제시한다. 책은 자연스레 흑인음악에 관한 개론서 기능도 겸한다. 저자는 비밥(Bebop), 덥스텝(Dubstep) 등 여러 음악 용어를 다뤘고, 아프리카 밤바타(Afrika Bambaataa)와 줄루네이션(Zulu Nation) 등 초기 힙합 역사를 담았다.

외국 언론이 케이팝의 그늘에 주목하고 일부 팬은 문화 전유와 도용의 사례 등 부정적인 측면을 자꾸 들춰내지만, 저자는 케이팝이 흑인음악의 가치를 희석하지 않으면서 진정성 있게 인용한다는 점에 주목한다. 저자는 흑인 음악가들의 기여를 정사에서 지워버린 록 음악과 달리 케이팝에 대한 흑인 음악 문화의 기여를 분명히 드러냄으로써 케이팝 역사를 포괄적으로 인식하고 케이팝의 음악적 가치를 재평가할 수 있다고 힘써 말한다. 그러면서 케이팝이 가진 매력의 근원은 무엇보다도 한국 문화임을 강조한다.

케이팝은 사고의 지평을 넓힌다

책을 번역하며 케이팝의 의미, 대중음악과 진정성(authenticity), 초국적 문화이동과 같은 연관된 주제를 성찰할 수 있었다. 통속성과 저급함이라는 오랜 낙인을 떨쳐내고 음악적 보편성을 획득하고자 한 한국 음악계의 노력은 록과 발라드, 힙합과 댄스음악, 재즈와 트로트가 공존하고 융합하던 1990년대에 대중의 폭넓은 지지를 받으며 개화했다. 현재 한국 대중음악의 주류장르로 자리 잡은 케이팝은 1990년대 젊은 음악인들의 실험정신과 창업가 의식(entrepreneurship)에 뿌리를 두고 있다. 당시 음악인들이 해외 뮤지션과의 동시대적 연대감 혹은 '코즈모폴리턴' 정서의 공유를 음악미학의 원천으로 삼았다는 점은 문화의 흐름과 그 역학관계와 관련해 의미 있게 되짚어 볼 만하다.

미국 흑인인 크리스털의 아카팬(AcaFan, 학자팬) 여정은 한류가 어떻게 세계화를 이루었는지, 한류와 한국학 연구가 어떻게 국제적으로 확장되었는지를 잘 보여준다. 그녀에 따르면, 2000년대 중반만 해도 미국 사회의 케이팝 인지도는 매우 낮아서 우연한 기회에 가수 비를 알게 됐지만 계속해서 관심을 지속하기 어려웠다고 한다. 그러다 보이밴드 SS501을 접하곤 이들의 퍼포먼스가 템테이션스(The Temptations)나 글래디스 나이트 앤드 더 핍스(Gladys Knight & the Pips)와 같은 1960년대 흑인 그룹들의 춤을 연상시켰기에 케이팝에 빠져들었고 결국 케이팝 연구자의 길에 들어섰다고 한다.

쉽지 않은 번역이었지만, 이 작업을 이끌었던 힘은 지구 어느 곳에선 케이팝을 다른 방식으로 해석하는 사람들이 있다는 사실을 알리고자 함이었다. 한국 노래가 K-pop으로 기호화되어 세계와 연결되고 그 현상 덕에 세계가 다시 한국으로 향해 우리 인식의 지평을 넓히고 있다. 미국 흑인문화와 케이팝 모두에 정통한 한 아카팬의 책을 통해 한국의 독자들이 그간 주목하지 않았던 여러 측면을 새롭게 바라볼 수 있으면 좋겠다. 한국 사회에 대안적 해석과 담론이 늘어나는 데에 책이 조금이나마 이바지한다면 그것으로 감사할 일이다.

코끼리처럼 성큼성큼 나아가는
인도의 한류

2014년 봄, 한 독일인으로부터 이메일을 받았다. 인류학과 박사과정 학생으로서 인도의 종교문화에 관해 현지조사를 하는 중인데 곧 한국을 방문하는 김에 필자에게 전할 말이 있다고 했다. 필자의 논문을 읽었다는 말을 덧붙였다. 1주일 후 서울에서 만난 그는 흥미로운 얘기를 꺼냈다. 인도 여러 지역을 거쳐 아삼(Assam)주로 대표되는 동북부 지역에 갔는데, 자신이 상상하지도 못한 일을 관찰했다는 것이다. 동북부 지역 주민들이 한국 드라마를 매우 좋아해 아예 자신의 박사 논문 주제를 종교문화에서 한류로 바꿔야 하나 고민스럽다고 했다.

그 대화를 통해 몇 가지 흥미로운 사실을 알아냈다. 당시만 해도 한류가 대체로 아시아에 국한된 현상이라, 이 독일인이 인도에 가기 전까지 한류에 관해 전혀 알지 못했다는 점이다. 그런데 그는 인도 다른 지역을 다니면서는 관찰할 수 없었던 한류 열기가 유독 동북부에서만 광범위하고 강렬한 점을 신기해했다. 방문하는 집마다 한국 연예인 사진이 도배되어 있었고, 젊은이들은 한국 드라마에 등장하는 헤어 스타일을 따라 했다고 한다. 이 대학원생의 얘기를 듣다 보니, 이미 2006년경에 이 지역의 한류를 보도했던 BBC 기사가 떠올랐다. 국경과 인접한 미얀마와 중국에서 보따리장수들이 한국 드라마 VCD를 전하며 이 지역에 한류가 일어났다고 읽은 기억이 난다. VCD는 비디오 영상이 저장된 CD로 다른 나라보다 DVD나 인터넷의 보급이 뒤처졌던 중국과 동남아 등 여러 지역에서 2000년대 후반까지 가장 인기 있는 영상매체였다. 게다가 동북부의 마니푸르주 정부는 2000년대 초반 아리랑TV와 KBS월드의 방영을 허용해 한류에 불을 지폈다(송창섭·서창완, 2023). 그 이후 한류가 쭉 이어져 왔다는 사실도 놀라웠다.

코로나 팬데믹이 바꿔놓은 인도의 한류

인도는 우리에게 먼 나라다. 같은 아시아 대륙에 속하긴 하나, 그간 교류가 많지 않았다. '발리우드'(봄베이+할리우드 합성어)로 잘 알려진 세계 최대의 영화 생산국이지만, 1970년대 초반에 〈신상 神象, 원제 Haathi Mere Saathi〉이 히트했던 것을 제외하곤 영화 상영도 거의 없었다. 당시 이 영화의 삽입곡 'Chal

Chal Chal Mere Saathi'는 꽤 인기를 끌었고, 걸그룹 바니걸스가 이를 번안해 '라무는 나의 친구'(1975)라는 곡으로 발표한 바 있다. 1990년대 들어 국내에서 개최된 국제영화제에서 발리우드 특집을 했고, 2000년대 들어서야 〈까삐꾸씨 까삐깜〉, 〈블랙〉, 〈세 얼간이〉, 〈내 이름은 칸〉 등 몇 편이 국내 극장가에서 상영됐다.

한국인들이 가진 인도에 대한 지식도 단편적이다. 인도라고 하면 가난과 성차별, 엄격한 계급제도에 더해 해탈, 자기 수련과 내적 평화 같은 종교적 이미지를 떠올릴 것이다. 그런데 2018년 7월 문재인 전 대통령의 인도 국빈 방문을 계기로 인도 뉴스가 급증했다. 게다가 아시아 정세가 미·중 대결로 재편되면서 인도의 지정학적 중요성이 날로 높아지고 한국과 인도의 교역도 점차 늘어나고 있다.

2017년 12월 인도 뭄바이(Mumbai)에서 열린 국제학술대회에 참석했다. 그 독일인이 언급한 인도 한류에 대한 궁금증을 해소하려는 호기심도 작용했다. 필자의 발표가 끝나자, 한 교수가 다가와서 자기 학생 중에 한류 팬이 있다고 알렸다. 또 한 학생은 자신이 몇 년째 한류 팬인데 한류에 관해 조금 더 얘기하고 싶다고 말했다. 그 학생을 통해 다음날 세 명의 한류 팬과 심층 인터뷰를 했다. 내친김에 학술대회가 끝난 뒤 뉴델리에 있는 한국문화원과 세종학당을 방문해 인도의 한류에 대해 좀 더 알아봤다. 쇼핑몰과 대학가를 찾아 현지의 청년문화를 관찰함으로써 한류 현상의 맥락도 짚어봤다.

2017년 당시 인도 구석구석에는 소수의 젊은 층을 중심으로 한류가 꿈틀대고 있었다. 필자의 조사에 따르면, 뭄바이와 뉴델리 등 대도시에 한류 팬들이 있으나 아직은 그 수가 많지 않았고 주로 여성이었다. 하지만 팬끼리는 온라인을 통해 연락하고 정보를 교환했다. 그런데 2020년부터 인도를 강타한 코로나 팬데믹이 많은 걸 바꿔놓았다. 다른 나라에서와 마찬가지로 거리두기로 인해 외출이 어려워진 시청자들이 넷플릭스 등 OTT를 통해 한류 팬이 된 것이다. 〈타임스 오브 인디아 Times of India〉에 따르면 2020년 넷플릭스를 통한 한국 드라마 소비가 2019년 대비, 370% 증가했다고 한다(Lal, 2021). 그 외에도 〈힌두스탄 타임스 Hindustan Times〉 등 인도의 대표적 일간지들이 자국 내 한류 현상에 대해 자주 언급하기 시작했다(Sinha, 2021).

마침 2023년 7월에 인도의 아메다바드대학교(University of Ahmedabad)에서 열린 인터아시아 문화연구학회(Inter-Asia Cultural Studies Conference)에 참가했다. 드라마로만 보던 한국인을 실제 보는 게 반가웠던지 거리의 인도인 중 일부는 필자 일행에게 다가와 함께 사진을 찍자고 요청했다. 학회 조직위원회의 도우미 학생 하나는 영어로 질문해도 한국어로 응답했다. 어떻게 한국어를 배웠느냐고 물으니, 한국 드라마를 좋아하다가 몇 년 전부터 유튜브를 통해 익혔다고 한다. 학교 식당

2023년 7월 인도를 방문한 필자와 또 다른 한국인 학자에게 사진을 함께 찍자고 요청하는 인도인들의 모습.

에서 만난 학생들과 대화해 보니, 한류의 인기를 실감할 수 있었다. 특히 여학생들은 다수의 친구가 케이팝을 즐긴다고 하며 아티스트 이름을 줄줄이 댔다. 방탄소년단이 2021년 5월에 'Butter'를 발매했을 때는 인도 내 스포티파이(Spotify)에서 출시 후 24시간 동안 가장 많이 스트리밍된 트랙이었다고 한다. 인도 한류의 영향력이 크다면 보수적인 민족주의단체와 종교단체에서 한류의 폐해를 거론할 만한데, 그런 사례는 없었느냐고 물으니 없었다고 답한다. 아마도 동남아시아에서와 달리 케이팝 콘서트가 열리지 않아 케이팝 팬덤이 사회적으로 가시화되지 않아서 그렇다고 덧붙였다.

인도의 한류를 다음 몇 가지 특징으로 정리할 수 있다. 첫째, 한류가 인도 내부의 지역성이라는 맥락 안에서 출발했다는 점이다. 한류는 중앙 정부로부터 소외돼 있으며 종교·인종·언어·경제적으로 비주류인 동북부 지역에서 시작되어 한동안 그 지역에 국한됐다. 한국 드라마를 담은 VCD가 2000년대 초중반에 이 지역에 흘러들어와 인기를 끌었다. 흔히 동북 7주로 불리는 이 지역에는 흰 피부의 아리안족이나 검은 피부의 드라비다족 계통이 아닌 몽골리안의 생김새를 지닌 사람들이 거주하고 있는데, 보통의 인도인과 달리 된장을 먹고 돼지고기를 식용한다. 외모와 식습관에서 인도 주류사회와 차별화된 이들은 자신들과 비슷한 용모를 지닌 배우가 등장하는 한국 드라마에 더욱 공감했다.

인도의 내일, 성큼성큼 나아가는 코끼리처럼

둘째, 다른 지역의 한류와 마찬가지로 세대와 젠더가 중요한 역할을 한다는 점이다. 해외에서 한국 대중문화는 전통적 가치가 지배하는 주류사회 내 약한 고리인 10대와 여성들 사이에 인기가 높다. 이는 인도에서도 마찬가지였다. 뉴델리 한국문화원의 분석에 따르면, 인도의 한류 팬 중 90%가 10~20대 여성이다. 한 인도 학자는 자기 딸과 친구들이 케이팝을 좋아하는데, 얼마 전 있었던 생일파티에서 한국어로 "생일 축하합니다."라고 노래했다는 사실을 알렸다.

셋째, 콘텐츠 유입 시기의 혼재성을 확인할 수 있다. BTS

팬덤이 일찍부터 자리한 것과 달리, 2009년 출시된 드라마 〈꽃보다 남자〉는 2017년 봄에야 지상파 TV에 방영돼 전국적 인기몰이를 했다. 한류 확산에 있어 지역적 격차가 크지만, 미디어 세계화의 동시성도 함께 발견되는 곳이 인도다.

마지막으로 드라마와 케이팝으로 촉발된 한류가 음식(먹방), 한국어, 관광 등으로 전이·확대되고 있다. 2021년 힌두스탄 타임스의 보도에 따르면, 한류의 인기에 따라 인도 내 음식 배달 플랫폼인 어반 플래터(Urban Platter)의 라면, 고추장, 고춧가루가 주문 급증으로 재고가 매진되었다. 또한 한국 요리가 인도인의 입맛에 맞게 현지화되어 김치 커리, 김치 파코라(Kimchi Pakora, 인도식 튀김), 차나 달 틱키(Chana Dal Tikki, 인도식 감자전) 등과 같은 새로운 음식으로 진화하고 있다고 한다(Sinha, 2021).

한국어 학습 열풍도 확인된다. 인도 내 세종학당(2021년 6개 지역으로 증설) 수강생은 2020년 2,082명에서 2022년 9,696명으로 증가했다(이상인, 2023). 명문 자와할랄 네루대학교(JNU) 한국어학과 정원은 30명인데, 2022년 10월 신입생 모집 당시 10만 명이 지원했을 정도로 한국어학과가 높은 인기를 구가하고 있다(박형수, 2023).

인도는 곧잘 코끼리에 비유되곤 한다. 쉽게 몸을 움직이지 않지만 일단 일어나 움직이기 시작하면 성큼성큼 먼 길을 힘차게 나아가는 코끼리처럼 인도 경제도 곧 도약할 것이라는 희망 섞인 예측이 담겨 있다. 현재 약 7%를 웃도는 경제성장률을 기록 중인 인도는 2030년에 미·중과 함께 주요 3개국(G3)으로 도약하고, 2050년에는 중국과 함께 G2가 되는 것을 목표로 한다.

중국의 한한령이 완전히 거둬지지 않은 지금, 인도는 한국의 새로운 경제시장으로 주목받고 있다. 한류는 미디어산업 자체의 경제효과뿐 아니라 화장품, 식음료, 관광 등 연관 산업 발전에 크게 이바지해 왔다. 한류가 만개한 지역에서는 공공외교 사례들도 발견되어 한국의 대외 이미지 제고 효과를 높인다. 한류를 계기로 한·인도 간 학술·문화·사회적 교류와 발전이 함께 이뤄지기를 기대하고 이를 통해 한국인의 문화적 감수성도 높아지길 희망한다.

2장 글로벌 케이팝을 바라보는 여러 시선

21세기 팝 아이콘이 된
BTS의 기적

한국 대중문화가 케이팝의 놀라운 성장세와 함께 지구촌 곳곳의 일상적 문화 메뉴가 되고 있다. 그 선두에는 방탄소년단(BTS)이 있다. 21세기 팝 아이콘으로 우뚝 서며 '디지털 시대의 비틀스'로 불리는 방탄소년단은 미국 빌보드(Billboard)와 일본 오리콘(Oricon)을 비롯해 아이튠즈(iTunes), 스포티파이(Spotify), 애플뮤직(Apple Music) 등 여러 차트에서 정상에 오르며 세계를 놀라게 했다. 음반 판매량과 유튜브 조회수 및 소셜 미디어 팔로우 지수 등에서도 상상 이상의 지표를 보이며 독보적인 위치를 차지했다.

빌보드 차트만을 얘기하자면 6개 곡을 핫 100 차트(Billboard H.O.T. 100) 1위(총 17주)에 올렸고, 6개 앨범을 빌보드

200 차트(Billboard 200) 1위에 랭크시켰으며(총 6주), 같은 주에 빌보드 핫 100 차트와 빌보드 200 차트 1위를 동시에 이룬 최초의 밴드라는 기록을 갖고 있다. 방탄소년단 멤버들은 솔로 활동도 병행한다. 리드보컬 지민은 2023년 4월 8일에 솔로곡 '라이크 크레이지 Like Crazy'로 K팝 솔로 가수 사상 처음으로 미국 빌보드 핫 100 진입과 동시에 1위를 하는 특기할 만한 기록을 수립했다. 그로부터 3개월 후인 7월 29일에 멤버 정국도 솔로곡 '세븐 Seven'으로 빌보드 핫 100에서 1위를 차지했다.

사회적 약자에게 보내는 따스한 시선

방탄소년단은 음악 및 퍼포먼스 측면에서의 성취뿐 아니라 사회적 메시지를 적극적으로 펼치는 밴드로 인정받고 있다. 사회적 약자에게 따스한 시선을 던져온 그들의 행보는 전 세계 팬들로부터 찬사를 받는다. 방탄소년단은 코로나 팬데믹이 전 세계를 휩감고 있을 때 자행된 인종차별적 행태를 정면으로 비판했으며, 성적 다양성에 대해 열린 태도를 공언했다. 문화적 감수성이 약한 것으로 비판받아 온 기존의 케이팝 밴드와는 전혀 다른 발걸음이다.

BTS의 공식 팬덤으로 잘 알려진 아미(A.R.M.Y.)가 다른 팬덤과 비교해 두드러진 것은 이들이 가사에 매우 진지하다는 점이다. 과거 케이팝이 때때로 의미 없는 후크(중독적이고 강렬한 인상을 주는, 반복적인 후렴구)의 나열과 멋진 안무를 통해 팬들에

BTS가 표지 모델로 등장한 『타임』지 아시아판(2018년 10월 22일 자).

게 다가갔다면, BTS는 깊이 있는 사유를 담은 곡으로 팬들을 사로잡는다. 유튜브에는 한낱 이쁜 보이밴드인 줄 알았던 가수의 노랫말로부터 감명을 받아 눈물을 흘리게 될 줄은 몰랐다고 밝히는 리액션 비디오가 수두룩하다. 팬들은 마치 경전을 읽듯 곡의 가사를 해석하고 해설 동영상을 만들어 SNS에 올린다. 한국어를 할 줄 안다는 것이 팬덤 내 위계를 높여준다는 사실 또한 팬들에게 한국어 학습의 동기를 부여한다. 그간 글로벌 대중문화 소비에 있어서 단 한 번도 우월한 지위를 놓친 적이 없었던 영어권 팬들은 이런 경험을 통해 국가 간 문화권력 관계에 관해 겸허히 성찰할 기회를 얻는다(이지행, 2019).

케이팝의 약진, 각국 음악 시장의 피지컬 앨범 판매 주도

BTS 팬들의 지적 적극성은 2018년 지민의 티셔츠로 발생한 사건을 해결하는 방식에서 잘 드러난다. 팬이 보내준 것으로 알려진 티셔츠에는 원폭 장면을 배경으로 대한독립 만세를 외치는 사람들의 모습이 담겨 있었다. 이에 일본과 외국의 몇몇 단체에서 비인도주의적 메시지라며 BTS를 비난했고 일본 내 방송 출연이 취소되었다. 하지만 일군의 팬들은 티셔츠 사건의 의미와 맥락을 짚어보는 백서를 만들어, 군국주의 일본의 만행을 잘 알지 못하는 전 세계 팬들에게 역사의 진실을 알렸다.[1]

방탄소년단 팬들은 '아미는 방탄의 얼굴'이라는 방패(방탄 페이스) 캠페인으로도 유명하다. 관객이자 팬으로서 갖춰야 할 예의를 지킴으로써 방탄소년단에게 부담을 지우지 않겠다는 결의에 차 있다. 이들은 BTS와 아미의 상징인 보라색으로 '우리는 BTS를 보호할 것이다.'라고 쓴 포스터를 들고 다닌다. BTS에 대한 전 세계적인 관심은 수많은 책의 출간으로 이어졌다. 아마존닷컴의 도서 섹션에서 BTS를 검색하면 10,000건 이상의 결과가 도출된다.

방탄소년단 외에도 블랙핑크·트와이스·세븐틴·스트레이 키즈와 투모로우바이투게더 등 수많은 밴드가 각기 열성 팬덤을 몰고 다닌다. 팬덤 대상(가수·스포츠 팀·셀럽 등)을 열정적으로 후원하고 연관 상품과 굿즈를 대량 구매하는 슈퍼 팬(super fan)이 많기로 유명한 케이팝은 각국 음악 시장의 피지컬 앨범(CD) 판매를 주도하고 있다. 미국의 음악·엔터테인먼트 비즈니스 데이터 회사 루미네이트(Luminate)가 발표한 『2023 상반기 보고서 2023 Luminate Midyear Music Report』에 따르면, 케이팝 팬은 미국의 평균적인 음악 청취자보다 75% 더 큰 비용을 지출해 음반과 굿즈를 구매한다고 한다. 2023년 상반기 미국 내 CD 판매량 순위를 보면 6위에 자리한 테일러 스위프트(Taylor Swift)의 'Midnights'를 제외하곤 1위에서 10위까지 모두 케이팝 아티스트의 CD다.[2]

최근 케이팝의 글로벌 약진은 여러 자료에 의해 확인된다. 관세청의 수출입 무역통계 자료에 따르면, 2023년 상반기

Top CD Album Sales

	Artist	Title	Sales
1	TOMORROW X TOGETHER	The Name Chapter: TEMPTATION	395,000
2	Stray Kids	5-Star	322,000
3	TWICE	Ready to Be	258,000
4	Seventeen	Seventeen 10th Mini Album "FML"	233,000
5	Agust D (Suga of BTS)	D-Day	186,000
6	Taylor Swift	Midnights	176,000
7	Jimin (BTS)	FACE	168,000
8	Ateez	The World EP.2: Outlaw	129,000
9	ENHYPEN	Dark Blood	127,000
10	Stray Kids	Maxident	114,000

2023년 상반기 미국 내 CD 판매량 순위표(루미네이트 『2023 상반기 보고서』 중). 6위에 자리한 테일러 스위프트(Taylor Swift)의 'Midnights'를 제외하고 1위에서 10위까지 모두 케이팝 아티스트의 CD가 차지했다.

음반 수출액은 1억 3,293만 4천 달러(약 1,685억 원)로 작년 같은 기간에 비해 17.1% 증가했다. 음반 수출 대상국의 순위를 보면 1위가 일본이지만 2위부터 10위까지 미국·중국·독일·대만·홍콩·네덜란드·캐나다·영국·프랑스가 자리하고 있다. 케이팝 팬덤의 지리적 분포가 아시아에서 서구로 확장하고 있음을 알 수 있다. 스트리밍 점유율을 기준으로 2023년 상반기에 미국 내 가장 인기 있었던 곡 10,000개를 언어별로 분류한 위 『2023 상반기 보고서』에 따르면, 한국어 음악(0.9%)은 영어 음악(88.3%)과 스페인어 음악(7.9%) 다음 순위를 차지한다 (Luminate, 2023).

빌보드에 따르면, 1958년 핫 100 차트 도입 이래 10위 안에 진입한 비영어권 노래 중 한국어 노래가 8개로 스페인어 노래(19개)에 이어 두 번째로 많다. 그 8개 중 6곡은 방탄소년단의 노래였으며, 나머지 두 곡은 싸이의 '강남스타일'(2012년 10월)과 '젠틀맨'(2013년 5월)이었다(양승준, 2023). 2012년 강남스타일은 빌보드 핫 100 차트에서 7주간 2위를 차지하며 국제적인 성가를 올렸다.

또한 영국 오피셜차트(The Official Singles Chart)를 비롯해 33개국의 공식 차트에서 1위에 오르는 기염을 토했으며, 인터넷 시대 인기의 가늠자라 할 수 있는 유튜브에서 조회수 10억을 돌파한 최초의 뮤직비디오가 되었다. 2023년 10월 20일에 검색하니 조회수가 무려 49억에 육박했다. '강남스타일'을 기억하고 즐기는 사람들이 여전히 많음을 알 수 있다.

초국적 음악시장과 케이팝의 존재감

원래 가요 혹은 대중가요라고 불리던 한국 대중음악이 해외에서 유통되며 케이팝으로 불린다. 1990년대 후반~2000년대 초반, 동남아시아와 중화권에서 수용되던 해외음악은 대개 영미 대중음악(British & American pop music)과 만도팝(Mando-pop), 칸토팝(Canto-pop) 그리고 제이팝(J-pop) 등이었다. 이 초국적 시장에 한국 대중가요가 진입하자 싱가포르와 홍콩의 DJ와 평론가들이 이 새로운 '타자'를 규정하기 위해 '한국(의)'을 뜻하는 'K-' 접두사를 붙여 'K-pop'이라 부르기 시작했다.

김성민(2018)에 따르면, 2000년대 초반 일본 언론에서도

일본 소도시 미야자키의 서점에 별도 비치된 K-pop 관련 서적.

동유럽 국가 벨라루스의 민스크 시내 서점에 진열된 K-pop 관련 서적(José Crisanto Gándara Eiroa 제공).

'케이팝' 단어가 사용되었다고 한다. 조현진은 1999년 자신이 K-pop 단어를 처음 사용해 빌보드 기사를 작성했다고 밝혔다(빌보드 1999년 10월 9일 자 기사 'S. Korea To Allow Some Japanese

Live Acts'). 그러면서 그는 1990년대 외국 어딘가에서 한국 대중음악을 'K-pop'으로 지칭한 음악 관계자가 이미 있었을 것으로 추측한다고 덧붙였다(Herman, 2019).

케이팝 단어가 역수입된 2008~09년경부터 국내에서도 가요를 케이팝으로 부르는 사람들이 등장했다. 특히 2011년 6월 프랑스 파리에서 열린 SM타운 콘서트 이후 한국에서 케이팝 단어가 일상화되었다. 추가공연을 열어달라는 프랑스 팬들의 플래시몹 시위 장면과 불과 15분 만에 모든 좌석이 매진되는 모습을 KBS 9시 뉴스로 보며 사람들은 세계 속 케이팝의 위치를 확인했다. 2011년 빌보드의 K-pop 차트 신설, 2012년 옥스퍼드 영어사전의 K-pop 등재와 함께 케이팝의 국제적 공인이 더욱 확대됐다. 이제 전 세계 주요 도시의 서점과 레코드점에는 케이팝 음반이 별도의 K-pop 판매대에 진열돼 있다.

주석

1 https://whitepaperproject.com
2 https://luminatedata.com/reports/midyear-music-industry-report/?aliId=eyJpIjoiT3AxRDl3SklRdWlMQTdVZCIsInQiOiJYZFo2QjBkaGgyeVBrNHo0aTdtNHNnPT0ifQ%253D%253D

케이팝의 1세대 아이돌과
그 이후

아이돌은 원래 숭배 대상, 즉 신에 근접한 우상을 가리키는 보통명사다. 그런데 한국에서는 우상처럼 숭배받는 대중 연예인이라고 해서 모두 아이돌로 불리지 않는다. 연예기획사의 스타 시스템을 통해 생산된 10대~20대 초반의 젊고 예쁜 보이밴드와 걸그룹 소속의 가수를 주로 가리킨다. 한국 아이돌 스타 시스템은 1990년대 중반 SM엔터테인먼트의 창립자 이수만에 의해 그 출발을 알렸다. 1996년에 데뷔한 H.O.T.의 출범 스토리는 아이돌 생산시스템의 초기 양상을 잘 드러낸다.

H.O.T.를 만들기 전 SM은 10대 청소년들이 좋아하는 외모, 캐릭터, 노래 스타일 등을 치밀하게 조사하고 연구했다. 이

를 토대로 SM은 보이밴드 멤버를 선발하기 위한 오디션과 댄스 콘테스트를 전국적으로 열었다. 눈을 해외로 돌려 스카우트 팀을 미국 로스앤젤레스에까지 파견했다. 당시 SM이 전 직원 40여 명 중 1/3 이상을 신인개발팀에 배치할 정도로 인재 스카우트에 공을 들였다. 그렇게 해서 5명의 신인가수를 선발한 SM은 6개월 이상의 장기 합숙을 통해 가창과 안무를 집중적으로 훈련해 첫 앨범을 출시했다.

H.O.T. 인기에 뒤따른 여러 아이돌 그룹의 등장

H.O.T.는 데뷔와 동시에 엄청난 인기몰이를 하면서 청소년들의 우상이 되었다. 첫 앨범에 수록된 '캔디'가 1996년 12월부터 두 달간 차트 1위를 하며 최고 인기그룹이 된 H.O.T.는 정규 앨범 네 개를 연속해 밀리언셀러로 만들었다. H.O.T. 성공 이후 이와 유사한 방식으로 만들어진 여러 아이돌 그룹이 우후죽순처럼 등장했다. 기획사들은 아이돌 그룹 매니지먼트뿐 아니라 음반 제작·콘서트 기획·광고 계약 등 연예 활동 전반을 아우르는 종합 매니지먼트 회사로 진화했다. 1990년대 후반부터는 한류 바람을 업고 클론, H.O.T., NRG, 베이비복스 등의 그룹이 중국과 대만 등지에서 연이어 콘서트를 열어 선풍적인 인기를 구가했다.

1998년 5월 발매된 H.O.T의 중국 음반은 출시 한 달 만에 5만 장이 팔렸는데, 불법 음반을 포함하면 실제 판매량은 그 20~30배로 추산된다(이은숙, 2002). 2000년 2월 H.O.T의 중국 베이징 단독 콘서트 후, 중국 내 한국산 의류와 액세서리 판매가 급증했다는 언론 보도가 잇따랐다(이심기, 2000). H.O.T.는 2001년 5월에 해체됐음에도 불구, 중국 최대 연예·음악 전문지 『당대가단 當代歌壇』의 해외 인기가수 순위에서 그해 12월까지 1위를 차지하곤 했다(서병문, 2002). 2001~02년 당시, 싱가포르 10~20대 여성들이 필자에게 자주 던지던 질문 중 하나는 H.O.T. 멤버들의 거취와 관련된 것이었다.

한편 많은 이들이 2004년에 데뷔한 동방신기(東方神起)를 기점으로 그 전까지의 아이돌을 1세대로, 이후에 등장한 아이돌을 2세대, 3세대, 4세대로 구분한다.[1] 국내 청소년을 주요 타깃으로 해 성장한 1세대 아이돌이 한류 바람에 편승해 해외 콘서트를 단발적으로 여는 정도에 그쳤다면, 2세대 이후 아이돌은 한류를 적극적으로 활용하는 것을 주요 전략으로 삼았다. 동방신기는 그 이름에서 드러나듯 처음부터 중국, 일본, 동남아 등 동아시아 시장 공략을 목표로 했다.

해외시장 개척을 위해 기획사들은 현지 법인을 설립하거나 현지 프로덕션과의 활발한 제휴를 추구했으며, 외국인 멤버를 아이돌 그룹에 배치했다. SM은 2001년 중국에서 실시한 오디션 프로그램 〈H.O.T. China〉를 통해 한경을 발탁해, 2005년 슈퍼주니어 멤버로 데뷔시켰다(장윤정, 2015). SM엔터테인먼트 이수만 회장은 '1단계 수출→2단계 합작→3단계 현지화'라는 한류 3단계 전략을 통해 한류 관련 사업의 궁극적인 목표가 현지화를 통한 부가가치 창출임을 공언한 바 있다.

아이돌의 음악적 성취와 글로벌 팝 감수성

2세대 이후 아이돌 형성의 근간인 해외시장 전략은 아이돌의 음악 형식에 몇 가지 변화를 가져왔다. 불특정 다수를 만족시켜야 한다는 고민은 중독성이 강한 곡의 양산으로 이어졌다. 후크송으로 불린 반복적 리듬, 단순한 멜로디, 영어 단어를 사용한 가사와 절도 있는 군무가 대표적 특징이다. 이는 한동안 케이팝이 음악적 진정성과 창의성이 부족하다는 비판의 주요 근거가 되기도 했다. 케이팝 산업은 이런 비판을 적극적으로 수용하며 음악성에 관해 더 진지하게 고민했다. 1990년대 국내에서 유행했던 것과 같은 흥겨운 분위기의 댄스 퍼포먼스를 통한 대중성 확보 노력만으로는 다양한 음악 수용 배경을 가진 외국 팬들에게 지속적인 사랑을 받을 수 없다는 자각이었다.

케이팝 산업의 능동적인 성찰과 대응은 소기의 성과를 낳았다. 2006년에 데뷔한 빅뱅을 보자. 힙합과 R&B 장르에 주력할 것을 표방한 YG엔터테인먼트는 빅뱅을 수동적인 아이돌이 아니라 작사·작곡 능력을 갖춘 아티스트로 키웠다. 이런 노력 끝에 빅뱅 이후 샤이니, 2NE1, 세븐틴, 몬스타엑스, BTS, 블랙핑크 등 여러 케이팝 밴드가 상업적 성공뿐 아니라 음악적 성취를 거둘 수 있었다.

또한 2세대 이후 아이돌은 서구 작곡가 및 아티스트와 협업하며 보다 본격적으로 글로벌 팝의 감수성을 재현해 냈다. 예를 들어 소녀시대의 '소원을 말해봐'와 'I got a boy'는 유럽의 음악 창작집단인 디자인 뮤직(Dsign music)이 만들었다. 또 걸그룹 2NE1은 미국 힙합 아티스트 스눕독(Snoop Dogg), 윌아이엠(will.i.am) 등과 공동작업을 했다. 최근 케이팝 씬에는 콜드플레이(Coldplay), 레이디 가가(Lady Gaga), 존 레전드(John Legend), 셀레나 고메즈(Selena Gomez), 두아 리파(Dua Lipa) 등 글로벌 가수들과의 공동작업 곡들이 많다. 전 세계 작곡가들도 자신의 곡이 케이팝 신곡으로 채택되기를 희망해, 한국 기획사가 주최하는 음악캠프에 자발적으로 참여하며 케이팝 프로듀싱에 적극적으로 나서는 모양새다.

주석

1 논자에 따라선 2.5세대, 3.5세대를 추가하고, 5세대를 거론하기도 한다.

아이돌 활동 다각화와
예능 프로그램

　　아이돌은 TV 프로그램의 사회자, 라디오 DJ, 뮤지컬 배우 뿐 아니라 드라마와 영화 연기자로도 활발히 활동한다. 미디어산업의 변화가 아이돌 활동의 다각화와 상품화를 가속한 것이다. 2000년대 들어 MP3 보급, 음원 스트리밍 사이트의 발전 그리고 불법 다운로드의 급증으로 인해 음반(CD, 레코드, 카세트 포함) 판매량이 현저하게 감소했다.

　　단적인 예로 2000년 4,100억 원가량을 기록했던 음악산업 매출액이 2007년에 1,000억 원 미만으로 줄어들었다. 낮게 책정된 곡당 다운로드 가격도 음악산업의 수익성을 악화시키는 요인으로 작용했다. 이제 전통적인 방식의 음반 판매에 기댈 수 없게 된 기획사는 아이돌 사진집의 성격을 지닌 앨범을 발매해 다량 구매를 유도하는 전략을 짜게 된다. 또한 기획사는 뮤직비디오와 음원을 공짜로 푸는 대신, 소속 아이돌을 다양한 분야에서 활동케 해 인지도와 스타 파워를 높임으로써 수익을 창출하는 데 적극적으로 나섰다.

한국 방송문화의 특징이 된 아이돌 예능

1990년대 후반부터 전 세계적으로 인기를 끈 포맷인 리얼 버라이어티 혹은 관찰예능 프로그램이 아이돌 가수의 활동영역을 넓히는 데 크게 이바지했다. 무엇보다 2000년 1월부터 1년여간 지상파 MBC에서 방송된 〈god의 육아일기〉가 중요한 분기점이었다.

원래 MBC는 H.O.T.에게 출연을 제안했으나 거절당했다. 음악 활동 외에는 신비주의 전략을 고수하던 시절이었다. 대신에, 효심을 표현한 노래 '어머님께'로 조금씩 인지도를 높이던 신인 보이밴드 god의 5인 멤버가 한 아기를 양육하는 리얼리티 미션을 수행했다. 사실 비슷한 시기에 데뷔한 원타임, S#ARP, 코요태보다도 인지도가 약했던 god는 육아 미션을 통해 선하고 순수한 이미지를 높여 폭발적인 인기를 얻었다.

2000년대 중반을 거치며 〈무한도전〉과 〈런닝맨〉 등 리얼 버라이어티 프로그램이 국민 예능으로 불릴 정도로 높은 시청률을 기록했다. 아이돌은 이러한 예능 프로그램에 게스트로 자주 출연했다. 기획사 입장에서 볼 때 드라마와 달리 예능은 특별한 훈련 없이도 아이돌을 출연시킬 수 있는 장르였다. 시청률 확보에 혈안이 된 방송사들도 경쟁적으로 인기 아이돌을 섭외했다. 2006년 케이블 채널 tvN의 개국, 음악 전문 채널이던 엠넷의 엔터테인먼트 채널로의 확장 개편 그리고 2011년 4개 종합편성 채널의 출범은 아이돌의 예능 프로그램 출연 기회를 늘렸다. 차우진과 최지선(2011)은 이와 관련해 2세대 이후 아이돌의 연예계 활동 패턴을 다음과 같이 정리했다.

데뷔 전후 예능 프로그램 출연 → 음반·예능 활동 병행 → 가요 순위 프로그램 1위 → CF 출연 → 드라마·뮤지컬·영화 진출

〈1박 2일〉, 〈꽃보다 할배〉, 〈윤식당〉 등을 연출해 예능 한류를 이끈 나영석 PD도 인정했듯이 아이돌의 빈번한 예능 출연은 이제 한국 대중문화의 특징이다(김경미, 2023). 지난 10월 프랑스 칸에서 열린 방송 콘텐츠마켓 밉콤(MIPCOM)에서 해외 바이어들은 유명 한류 스타가 빈번히 출연하는 예능 프로그램의 구매에 높은 관심을 보였다고 한다(이지윤, 2023).

아이돌 활동의 다각화와 상품화

기획사 입장에서 길게는 7~8년의 기간을 공들여 육성하는 아이돌은 많은 자본과 높은 가치가 투입되는 상품이다. 조권의 경우, 2001년 7월 SBS 〈초특급 일요일 만세〉의 꼭지였던

'박진영의 영재 육성 프로젝트 99%의 도전'에 발탁된 후 JYP 엔터테인먼트에서 만 7년간 연습생 기간을 거치고 난 2008년 7월에서야 2AM 멤버로 데뷔했다. 걸그룹 피프티피프티의 키나도 7년 반의 연습생 기간을 거쳤다.

2012년 SM엔터테인먼트 김영민 대표에 따르면, 한 아이돌 그룹의 육성에는 댄스, 가창, 퍼포먼스, 외국어 학습 등의 훈련비뿐 아니라 숙소 확보 및 유지비, 음반과 뮤직비디오 제작비, 의상비 등 데뷔 전에만 해도 약 15억~20억 원이 소요됐다. 동방신기의 경우는 이보다 더해 총 80억 원 정도가 투입됐다(윤상환, 2012). 2022년에 데뷔한 피프티피프티는 중소기획사 소속임에도 불구하고 데뷔 전 약 80억 원이 투자된 것으로 알려졌다. 멤버 간 호흡 혹은 '합'이 중요한 케이팝 씬에서 많은 훈련은 큰 자본을 요구한다.

그런데 아이돌 그룹의 평균수명이 5년밖에 안 되는데도 신생 아이돌 그룹이 매년 약 40~60팀 등장하고, 그중 10% 정도만 이름이 알려지는 치열한 환경이다. 결국 기획사는 투자 대비 효율성을 높일 방안을 찾고 그리하여 아이돌 활동 범위를 다각화해, 가수 이외 커리어도 준비시키게 된다.

아이돌 활동의 다각화와 상품화는 자본주의적 생산 양식이 한국 문화산업에 더 깊숙이 침투했음을 보여준다. 규모의 경제(economies of scale)가 생산 규모의 확대를 통해 생산비 절감과 수익 향상을 도모하는 것이라면, 범위의 경제(economies of scope)는 기업이 하나의 제품 대신 여러 제품을 생산함으로써 시너지 효과를 높이는 것이다. 원리와 설계가 비슷한 제품을 같은 라인에서 생산하는 것으로도 설명할 수 있는데, 은행에서 보험 상품을 판매하거나 맥도널드가 카페를 겸하는 것을 그 예로 들 수 있다. 기획사는 아이돌 활동을 다각화함으로써 범위의 경제 전략을 실천한다.

아이돌 활동 영역의 다각화는 한류의 수용 양식도 변화시켰다. 과거의 한류 팬덤은 지역과 세대 그리고 좋아하는 장르를 기준으로 구분되었다. 이를테면 2000년대 초중반 아시아 중년여성의 TV 드라마 팬덤(한류 1.0)과 2010년대 이래 지리적 경계를 뛰어넘은 10대 청소년 중심의 케이팝 팬덤(한류 2.0)으로 분류하는 식이다. 그런데 최근의 해외 팬들은 자신이 좋아하는 아이돌이 출연한다면 음악 프로그램이건 예능 프로그램이건 혹은 드라마건 간에 해당 콘텐츠를 찾아보고 즐긴다. 즉 세대와 장르를 중심으로 한 팬덤 구별이 의미를 잃게 되었다. 또한 이 과정을 통해 알게 된 다른 아티스트의 콘텐츠도 찾아 즐김으로써 한류 애호의 폭을 넓힌다.

한류 팬은 K-컬처 '다식가'

디지털 기술에 능숙한 팬들은 좋아하는 아이돌이 등장하는 장면과 이미지를 몇 초 혹은 몇 분 단위로 재편집해 트위터·페이스북·인스타그램·틱톡 등 소셜미디어에 올린다. 이들은 콘텐츠 개인화에 기반한 공적 유통을 통해 미지의 동료와 상상적으로 교감함으로써 즐거움을 느끼고 의미를 생산한다. 콘텐츠 형식이 쉽게 융합되고, 블로그·소셜 미디어·비디오 스트리밍 서비스 등 여러 플랫폼과 미디어 간 경계가 모호해진 오늘날의 디지털 환경에서 다양한 콘텐츠를 즐기는 문화 다식가(cultural omnivores)가 많아졌다. 주위를 둘러보면 클래식 음악과 힙합을 함께 즐기거나, 국악 애호가인 동시에 블랙핑크 팬이기도 한 사람들이 꽤 있다.

고급문화와 대중문화 간 구별 짓기의 실종은 한류 팬덤 내에서도 관찰된다. 케이팝으로 시작한 팬이 한국어, 한국 문학, 한국 전통무용을 배우고 즐기는 것으로 나아간다. 필자가 2009년에 만났던 인도네시아 가자마다대학교(Universitas Gadjah Mada)의 한류 팬들은 이후 한국에 유학 와 K-푸드 컨설턴트가 되기도, 한국 전통문학 연구자가 되기도 했다. 이제 한류 팬은 한국 문화 전반을 즐기고 탐구하는 케이컬처 다식가(K-culture omnivores)가 되고 있다. 이에 따라 한류는 대중문화만의 현상을 가리키기보다는 한국의 모든 것을 애호하는 현상으로 진화하고 있다.

강남스타일을 바라보는
서구의 시선

'강남스타일'은 한류의 전 지구성을 상징한 최초의 사건이었다. 한국 문화산업이 오랫동안 목표로 삼았던 미국 시장에서 '강남스타일'이 어떤 방식으로 수용되었는지 살펴보는 것은 한류 수용의 지역적 차이와 그 함의를 이해하는 데 도움이 된다. 필자는 2012년 하반기부터 2013년 상반기에 미국에서 연구년을 보냈는데, 그 덕분에 '강남스타일'이 현지에서 어느 정도의 인기를 누리고 수용되었는지에 대해 직접 관찰할 수 있었다.

"세계가 강남스타일에 감염됐다."는 식의 호들갑스러운 한국 언론의 보도와 미국에서의 현실은 좀 달랐다. 한국 언론이 싸이에 대해 대체로 민족주의적인 보도 경향을 보인 것과 달리 미국 언론은 케이팝과 한국 대중문화 산업에 대해 비판적인 분석 기사를 많이 냈다. 게다가 필자의 거주지가 미국 동·서부 대도시나 한인 밀집 지역이 아닌 남동부의 소도시였기에 일상생활에서 '강남스타일' 인기를 거의 체감하지 못했다. 실제로 유력 시사·문화 주간지 〈뉴욕커 The New Yorker〉는 미국에서 케이팝은 단지 유튜브에 존재할 뿐이라고 평가할 정도였다(Seabrook, 2012). 그렇다고 현지에서 '강남스타일' 인기를 전혀 경험할 수 없었던 것은 아니다.

미국 사회 내에 뿌리박힌 동양인에 대한 인종주의적 태도

2012년 가을, 미국 대학 스포츠의 맞수인 듀크대학교(Duke University)와 노스캐롤라이나대학교(University of North Carolina-Chapel Hill) 간의 풋볼 경기를 관람했을 때였다. 하프타임 시간에 댄스음악이 나왔다. 마침 '강남스타일'이 연주되길래 관중들의 반응을 살펴보기 위해 객석을 둘러보았다. 소수의 젊은이가 자리에서 일어나 싸이의 댄스 동작을 따라 하기도 했지만, 대부분은 큰 관심이나 감흥이 없는 듯한 표정이었다. 잠시 후 음료수를 사러 객석을 벗어나니 매점 주변에서 놀고 있던 초등학생쯤 되어 보이는 아이들 너덧이 싸이의 춤을 흉내 내며 장난치고 있었다. 전해 들은 바에 따르면 지역의 한 중학교에 30여 개의 방과 후 활동 모임이 있는데 그중 K-pop 클럽도 생겼다고 한다.

당시 미국 대학가에서 강남스타일 플래시몹(flash mob)이 유행했다. 듀크대학교와 노스캐롤라이나대학교 학생들의 플래시몹도 두 학생신문에 큼지막한 사진과 함께 보도되었다. 그중 노스캐롤라이나대학교 신문인 〈데일리 타힐 The Daily Tar Heel〉이 '서울풀 서프라이즈 Seoul-ful Surprise'라는 제목으로 보도한 기사의 요지는 다음과 같다. 신문이 만들어 낸 단어 'Seoul-ful'은 '서울 느낌 가득한', '서울발' 등의 의미로 해석될 수 있다.

노스캐롤라이나대학교 한인학생회는 강남스타일 플래시몹을 기획했다. 참가자를 모집하기 위해 페이스북 페이지를 개설했는데 850명 이상이 참가 의사를 밝혔다. 행사 당일 실제로는 백여 명의 학생이 나타났으며, 플래시몹 참가자 수는 처음에 몇 명에 불과했으나 점차 수십 명으로 증가했다(Ang, 2012).

기사는 이에 더해 싸이의 인물평, '강남스타일' 가사의 의미 그리고 유튜브 내에서의 인기에 관해 설명했다.
노스캐롤라이나대학교 학생활동의 중심지인 더핏(the Pit) 광장에서 열린 플래시몹을 지켜봤는데, 참가자 이삼십 명 중 반 정도는 한국인으로 보였고 또 다른 반은 다양한 인종으로 구성됐다. 참가자와 관객의 환호성과 함께 이뤄지던 플래시몹은 5분여 만에 끝났고 주변은 아무 일도 없었다는 듯 조용해졌다. 필자가 보기에 유튜브의 노출, 언론 보도 그리고 주변의 입소문에 따라 젊은 학생들은 대체로 싸이와 강남스타일을 인지하는 듯했다. 하지만 미국 밖의 세계에 큰 관심을 두지 않는 일반 미국인에게 외래문화의 소비는 흔한 일이 아니다(Fisher, 2012a).

가장 유명한 두 명의 코리안, 싸이와 김정은

싸이와 '강남스타일' 수용에 대한 이해는 동양인 남성과 케이팝이 어떤 의미구조 속에서 미국에서 재현되는가에 대한 질문으로 이어진다. 그리고 재현의 문제는 오랜 역사를 거쳐 미국에 형성된 한인과 아시아인에 대한 고정관념과 연결된다. 강인규는 싸이에 대한 미국인의 시선이 서구에 뿌리박힌 동양인에 대한 인종주의적 태도에서 벗어나지 않는다고 한다(Kang, 2013). 실제로 싸이는 2013년 5월 26일에 이탈리아 로마의 스타디오 올림피코 경기장에서 열린 AS 로마와 SS 라치오의 코파 이탈리아(Coppa Italia, 이탈리아 컵) 축구 결승전 축하 공연에서 관중의 야유를 받았다. 이에 대해 여러 해석이 있지만, 그 원인으로 서구의 인종주의를 배제할 수 없다.

오주연의 분석에 따르면, 싸이가 서구 사회에서 인기를 끌고 있다고 해도 그것은 긍정적인 감정이 아닌 '인종주의적 애정 racist love'에 불과하다. 오주연은 싸이의 코믹한 이미지가 오히려 동양인 남성에 대한 고정관념인 '서툰 아웃사이더'

'가장 유명한 두 명의 코리안'으로 편집되어 트위터(현 X)에 유통된 사진.

2012년 가을, 미국 노스캐롤라이나대학 〈데일리 타힐 The Daily Tar Heel〉 신문과 지역지 〈채플힐 뉴스 Chapel Hill News〉가 보도한 '강남스타일' 플래시몹.

이미지를 강화한다고 주장한다(Oh, 2013).

　2013년 상반기에 '가장 유명한 두 명의 코리안'이라며 싸이와 북한의 김정은을 나란히 배치한 풍자물이 전 세계 소셜미디어에 유통되었다. 통통한 모습으로 닮은 두 사람 사진이 코믹하게 편집되었다. 여러 생각이 교차했다. 대체로 서구에서 북한에 대한 이미지는 부정적이며 남한에 관한 지식은 피상적이다. 그런데 그들에게 싸이와 김정은은 같은 '코리안'일 뿐이다. 결국 부정적·피상적·인종차별적인 시선이 뭉뚱그려져 싸이와 강남스타일에 투영된다.

　미국 언론이 한국을 설명하고자 할 때 그나마 떠올리는 개념은 동아시아 경제발전론이다. 공영라디오 엔피알(NPR: National Public Radio)은 "강남스타일 현상은 개발도상국이 선진국으로 발전함에 따라 발생한 것이다."라고 지적했다(Chace, 2012). 그러면서 케이팝이 전 세계에서 주목받게 된 요인을 다음 세 가지로 정리했다:

1) 수출주도형 경제국가 한국이 음악의 산업화에도 성공함.
2) 한국 연예기획사가 듣는 음악이 아닌 보는 음악을 만듦.
3) 정보화 강국답게 유튜브를 잘 활용함.

　일간지 〈워싱턴포스트〉는 한국 '경제 기적'의 결과물인 소비자 구매력이 한국 내 음악 시장을 활성화하며 케이팝을 발전시켰다고 보도했다. 이에 더해 강남스타일이 전형적인 케이팝의 건전성이 아닌 전복·풍자·유머로 미국인에게 어필했다고 분석했다(Fisher, 2012b). 시사·문화 비평지 〈뉴요커〉는 '공장 소녀: 문화 테크놀로지와 케이팝의 제조'(Factory girls: Cultural technology and the making of K-pop)라는 제목의 기사를 통해 케이팝의 공장 시스템에 주목했다. 이 기사는 케이팝이 문화 테크놀로지에 기반한 공장의 생산물이기에 개인의 창의성이 억압된다는 점을 지적하며, 반면에 싸이가 공장 시스템의 결과물이 아녀서 미국에서 성공할 수 있었다고 주장했다. 이와 함께 해당 기사는 케이팝이 마돈나(Madonna)와 바비 브라운(Bobby Brown) 같은 미국 음악의 음악 스타일뿐 아니라 공연무대 장식마저 모방했다고 꼬집었다(Seabrook, 2012).

즉 미국 주류 언론은 다음 네 가지 면에 주목해 싸이와 케이팝을 읽어내고 있었는데, 이는 미국 언론이 근대성과 서구화 패러다임에 기초해 한국을 바라보고 있음을 잘 드러낸다.

1) 개발도상국인 한국의 변화·발전
2) 한국 음악산업의 공장 시스템
3) 전형적인 케이팝 음악과 강남스타일의 차이
4) 미국 음악의 모방

결국 서구를 모방하며 근대화에 매진해 온 한국이 그간

많은 발전을 이루었으나, 아직은 전근대적 관행과 문화에서 벗어나지 못했다고 평가하고 있다.

태평양 상공에서 만난 폴란드인과의 대화

2013년 1월 미국을 벗어나면서는 또 다른 경험을 했다. 국제학술대회에 참석하기 위해 탑승한 말레이시아행 비행기 안에서였다. 미국에서의 관찰과 달리 기내 옆좌석 젊은 폴란드 부부와의 대화를 통해 '강남스타일'이 전 지구적으로 유행했음을 알 수 있었다. '강남스타일'을 아느냐는 질문에 부부는 싸이의 코믹한 표정과 춤 동작을 떠올린 듯 활짝 웃었다. 당연히 알고 있으며, 바르샤바에서 열린 연말의 모든 행사에서 '강남스타일' 노래와 춤이 빠지지 않았다고 대답했다. 게다가 그 폴란드 남성은 가사가 자본주의적 속물성을 비판하는 내용이어서 더욱 마음에 든다고 덧붙였다.

우선 그의 상세한 지식에 놀랐고 그것을 가능케 한 전 지구화의 현실에 한 번 더 놀랐다. 그렇지 않은가? 한 한국 음악의 매개로 유럽 변방의 폴란드인과 한국 남성이 태평양 상공에서 대화한다니 말이다. 데이비드 하비(Harvey, 1990)가 말한 바대로, 정보 기술과 교통수단의 발달에 따라 시공간이 압축된(time-space compression) 시대에 살고 있음을 실감한 순간이었다.

학술대회가 열린 말레이시아 페낭(Penang)의 호텔에는 중동 출신의 젊은 부부들이 많이 보였다. 이슬람이라는 공통의 종교 덕에 이들 국가 간에 교류가 잦은 것으로 보인다. 각각 요르단과 사우디아라비아에서 온 젊은 부부들 역시 '강남스타일'을 아느냐는 질문에 표정이 환해졌고 덕분에 이런저런 대화를 즐겁게 나눌 수 있었다.

케이팝, 세계화와
근대성의 여러 의미

미국과 동남아시아의 한류 관점 간 공통분모는 한류로부터 한국 근대성을 찾아내려는 시선이다. 미국이 갑작스러운 한류 현상을 이해하기 위해 한국 근대성의 특징을 비판적으로 소환했다면, 동남아시아는 한류를 통해 한국 근대성의 성취를 학습하고 전유하는 태도를 보였다.

2010년 필리핀 마닐라에서 한류 팬을 대상으로 해 그룹 인터뷰를 할 때였다. 한 참가자가 일어나 "파이팅!"이라고 외치자, 나머지 다섯 명의 참가자들도 덩달아 파이팅을 복창했다. 파이팅은 한국에서 일상적으로 사용되는 격려와 응원의 뜻이 담긴 감탄사이긴 하나, 어법에 맞지 않는 콩글리쉬 표현이라 해서 학교와 언론으로부터 배척되고 있던 터였다. 그런데 '파이팅'이 필리핀 팬들 사이에서 애정 어린 한국어로 복권되었다. 흥미로운 한류의 영향력이다.

동남아에서 '파이팅'을 외치다

한 시간 정도의 인터뷰가 끝날 즈음에 팬들은 친해졌는지 서로 나이를 묻고, 그에 따라 언니 혹은 오빠로 호칭할 것을 상대방에게 요청하며 연락처를 교환했다. 흔한 한국의 모임 같았다. 사회적 관계에서 나이가 중요한 역할을 하지 않는 필리핀이지만, 한류 팬이라는 이유로 이들은 한국인처럼 나이에 따른 위계질서를 만들었다.

팬을 대상으로 한 조사였다는 한계에도 불구하고, 당시 연구 참여자들의 발언 중에 인상 깊었던 것은 이들이 한국 아이돌의 건전한 태도와 노력하는 모습을 통해 꿈을 키우고 있다고 대답한 점이었다. 팬들은 필리핀 내 케이블 채널로 송출되는 아리랑TV와 KBS 월드 그리고 한국 TV 프로그램을 시청할 수 있는 여러 웹사이트를 통해 한국 아이돌의 이미지를 소비하고 있었다.

TV의 연예 대담 프로에서 아이돌들은 자신들이 얼마나 힘든 과정을 거쳐서 연예인이 되었는지에 관해 곧잘 고백한다. 그들은 오랜 꿈의 실현을 위해 그리고 부모님의 은혜에 보답하기 위해 노력하였으며, 그 과정을 거쳐 오늘날의 위치에 오를 수 있었다는 성공담을 감동적으로 풀어낸다.

동남아시아에서는 주류 매체에서도 한류 스타에 관한 세세한 정보를 다룬다. 태국의 대표적 영어 신문 〈Bangkok Post〉(2023년 8월 1일)의 Life 섹션 모습.

    연구 참여자들은 아이돌의 이런 이야기로부터 희망과 영감을 얻는다고 대답했다. 사실 방송에서 말하는 아이돌의 개인 스토리는 윤색됐을 가능성이 크다. 그럼에도 불구하고 아이돌의 이야기는 한국 근대성을 상징하는 신화로 기능해, 동남아 팬들은 이로부터 자신의 미래를 상상했다. 한류 팬들은 아이돌이 외치는 파이팅 구호를 한국 근대성의 기표로 인식하고 이를 적극적으로 발화했던 것이다.

미국과 동남아시아가 모두 근대성이라는 같은 잣대를 통해 케이팝과 한국을 바라보고 있지만, 그 시선이 향하는 지점은 매우 다르다. 미국의 주류 언론이 케이팝을 통해 신흥자본주의 국가에서 벌어지고 있는 비인권적 시스템과 개성 말살에 주목한다면, 필리핀에서 한국 아이돌은 근면과 예절이라는 가치의 구현을 통해 성공을 일군 한국 근대화의 기호로 우상화된다.

아마도 한국 근대성의 좌표는 미국 언론의 분석과 필리핀 팬들의 상상 사이 어딘가에 있는 것이 아닐까. 한국은 지난 수십 년간 서구와 미국이 제시한 근대성의 레시피를 충실히 따랐다. 서구의 제도와 스타일을 모방하고 차용하는 적극적인 혼종화 전략은 현대와 전통이 공존하고 혼재하는 오늘의 한국 사회를 만들었다.

이와 관련해, '반항'과 '전복'을 내세우는 젊은 래퍼조차 선후배 간 위계질서를 지키는 모습에 아이러니를 느낀다는 임지현의 다음 글은 시사하는 바가 크다.

> 그 래퍼는 자기는 어른들이 싫다며 기성세대를 향해 직격탄을 날린다. 김진표가 "외쳐 봐." 하고 절규하면, 청중들은 일제히 "닥쳐 봐."라고 응답한다. 그가 "아저씨." 하고 외치면 우리는 다시 "닥쳐 봐." 하고 소리 지른다. 자신이 싫어하는 어른들에게 입 닥치라는 메시지를 전하고 싶었다는 것이다… 충분히 반항적이고 전복적이다… 그러나 정작 씁쓸한 것은 자신의

밴드 멤버들을 소개하는 그 가수의 태도이다. 어른들에게 "닥쳐 봐." 하던 기세는 온데간데없고 '형님들'을 소개하고 대하는 그의 태도는 '조직의 쓴 맛'을 본 사람처럼 정중하기 짝이 없다…. (임지현, 2000, 27쪽).

최근의 TV 예능 프로그램을 봐도 젊은 아이돌은 연예인 선배에게 깍듯하다. 개성과 인권을 중시하는 서구 근대성의 잣대로 바라보면 이해되지 않는 이러한 행동 양식이 아시아에서는 건전한 예의로 간주된다. 위에서 소개한 필리핀 팬들은 아이돌의 이러한 모습을 보며 아시아적 혹은 한국적 근대성을 상상한다.

텍스트의 의미는 안정적이지 않고 다성성(多聲性)을 갖는다는 바흐친(Mikhail Bakhtin)의 말처럼, 한류가 담고 있는 근대성을 각기 다르게 해석하는 이 상황은 오히려 한류의 의미를 여러 각도에서 채굴하도록 요청한다. 필자의 관점도 이중초점적(bi-focal)이다. 우선, 국제 문화 흐름의 서구 중심성이라는 오랜 맥락에서 볼 때 한류가 탈중심화(de-centralization)에 다소 이바지하고 있는 것은 긍정적이다. 반면에, 한류 현상이 자본주의적 스타 시스템을 과도하게 강화함으로써 국내외 대중문화 생산-유통-소비 시스템을 왜곡시키고 있지나 않은지 계속 지켜볼 필요가 있다.

싸이와 피프티피프티의 치밀한 기획

그렇다면 미국 주류 언론이 주장하는 것처럼 과연 싸이는 케이팝 공장 시스템의 산물이 아니기에 미국에서 성공할 수 있었던 것인가? 이 주장은 반은 맞고 반은 틀리다. 싸이가 그동안 주로 자신이 작곡한 노래와 자기 아이디어로 만든 안무로 활동한 것은 사실이다. 하지만 2010년 YG엔터테인먼트와의 계약 이후 싸이의 활동에 필요한 기획·홍보·마케팅은 모두 YG에 의해 이뤄졌다. 강남스타일 역시 YG의 유튜브 공식 채널 업로드에 기반해 전 세계로 확산했다.

또한 미국의 매니저 스쿠터 브라운(Scooter Braun)과 계약하지 않았더라면 싸이의 성공을 장담하기 어려웠을 것이다. 2012년 9월 2일 계약 체결 후, 스쿠터 브라운은 싸이를 MTV EMA(유럽 뮤직어워즈) 행사, NBC 방송의 프로그램들인 엘런 드제너러스 쇼(The Ellen DeGeneres Show), SNL(Saturday Night Live), 투데이쇼(The Today Show) 등에 연이어 출연시켜 미국 시장 내 인지도를 높였다. 케이팝을 포함해 오늘날 대중문화가 산업에 의해 만들어지고 초국적 시장을 통해 유통됨을 잘 보여주는 사례다.

2023년 여름을 뜨겁게 달군 걸그룹 피프티피프티와 소속사 어트랙트 간의 분쟁도 케이팝을 둘러싼 여러 이슈를 드러낸다. 피프티피프티가 2023년 2월 발표한 싱글 '큐피드 Cupid'는 케이팝 역사상 최단기간에 빌보드 핫 100 차트에 진입해 같은 해 9월 16일까지 25주 연속 머물렀다. 또한 뉴질랜드와 싱가포르를 포함한 전 세계 여러 국가 차트와 스포티파이 바이럴 송즈 차트에서 1위에 올랐다. 언론은 '중소기획사의 기적'이라며 이에 주목했고 외국의 젊은이들은 큐피드의 노래와 안무를 따라 해 틱톡에 올리는 유행을 만들어냈다.

사실 피프티피프티의 성공은 치밀한 기획의 결과였다. 어트랙트는 케이팝 매출의 90% 이상이 해외시장에서 거둬지지만, 케이팝이 전 세계 음악 리스너의 10%에게만 소구하고 있다는 현실을 꿰뚫어 보았다. 피프티피프티는 기존의 케이팝 밴드가 의존하는 특정 콘셉트와 강한 개성 대신에 편안한 보컬과 우아한 이미지로 대중을 공략하기로 했다. 그 결과는 대성공이었다. 많은 케이팝 밴드의 곡이 열성 팬덤의 화력에 힘입어 빌보드 차트에 진입하고 금세 하락하는 것과 달리 큐피드의 순위는 지속적으로 상승하고 차트에 오래 머무는 특징을 보였다.

케이팝이 직면한 산업적 현실

그런데 2023년 6월 피프티피프티 멤버 4명이 불투명한 정산, 신체적·정신적 건강 관리 소홀, 지원 부족을 문제 삼아 소속사 어트랙트를 상대로 전속계약 효력정지 가처분 신청을 했다. 처음에는 케이팝 산업의 고질적인 문제인 기획사의 갑질과 불공정 계약 문제가 다시 불거진 것으로 보였다. 불과 몇 개월 전 다음과 같은 뉴스가 충격을 주었던 터였다. 2022년 말

한류 셀러브리티이자 가수인 이승기가 데뷔 이래 18년간 음원 정산금을 받지 못했다고 밝혔다. 걸그룹 이달의 소녀도 소속사로부터 활동 수익의 30%를 받는 대신 제작비 50%를 부담하는 불공정 계약을 했다는 게 알려졌다.

반면 피프티피프티 경우, 여러 사실이 드러나며 또 다른 충격을 주었다. 2023년 7월 5일 한국연예제작자협회의 성명서에 나타나듯 기획사 간 '멤버 가로채기'가 문제의 핵심으로 보인다(최나영, 2023). 2023년 8월 28일 법원은 위 가처분 신청을 기각했다. 하지만 피프티피프티 멤버들은 항고를 결정했다. 게다가 어트랙트, 프로듀싱 외주업체 더기버스, 피프티피프티 멤버 간 고소·고발 건이 여럿 남아 있어 사태는 쉽게 안정될 것 같지 않다.

같은 해 10월 16일 멤버 중 키나가 가처분 기각에 대한 항고를 취하하고 어트랙트로 복귀했으며, 며칠 후 어트랙트는 나머지 멤버 3인에게 전속계약 해지를 통보했다. 10월 25일 3인은 전속계약 본안 소송으로 어트랙트에 대한 법적 싸움을 이어갈 것이라고 밝혔다. 반면 어트랙트는 전 멤버 3인을 대상으로 명예훼손과 손해배상 소송을 준비하고 있으며, 피프티피프티 멤버를 새로 발굴할 계획이다.

이번 사건은 케이팝 씬에 누적된 여러 이슈를 보여주지만, 특히 더욱 복잡해지고 있는 케이팝의 산업적 현실을 잘 드러낸다. 국내 음악 생태계는 이제 대형기획사 소속 아이돌 아니면 성공하기 힘든 구조가 되었다. 음원 인기 차트 상위권은 대형기획사 소속 아이돌이거나 대형기획사 아이돌 출신 솔로 가수가 독차지한다. 그럼에도 아이돌 사업은 여전히 매력적인 영역이기에 중소기획사 어트랙트가 과감히 도전했고 빠른 성공을 거두었다.

하지만 어트랙트의 의뢰로 피프티피프티의 프로듀싱을 전담한 더기버스 안성일 대표가 이번 멤버 가로채기 음모의 몸통인 워너뮤직코리아의 중개인이라는 의심을 받고 있다(나경희, 2023). 최근 세계 최대 음악 기업인 유니버설이 JYP 및 하이브와, 소니뮤직이 카카오 및 YG와 손을 잡고 케이팝 제작 시장에 뛰어들어 성과를 내고 있다. 이런 상황에서 글로벌 3대 메이저 중 국내 기획사와 제휴 관계가 없는 워너뮤직이 피프티피프티에 투자 혹은 직접 인수를 모색한 것이 이번 사건의 한 갈래로 드러나고 있다(정의민, 2023).

일견 글로벌 메이저들이 케이팝 트레이닝 시스템을 배우는 시대가 된 것처럼 보인다. 하지만 〈오징어 게임〉의 성공 이후, 국내 드라마 산업에 대한 글로벌 미디어의 지나친 영향력을 우려하는 상황이 도래했음에 주목할 필요가 있다. 게다가 중소기획사인 어트랙트도 피프티피프티의 육성에 80억 원을 투입했다고 하니, 케이팝의 글로벌화와 함께 한국 음악에 대한 글로벌 대자본의 진입과 영향력이 더욱 강화될 것으로 예측된다.

이 같은 환경 변화는 새로운 인식의 변화를 요구하기도 한다. 즉 일상적 삶에 즐거움과 의미를 제공하는 대중음악의 변화에 대응하고 문화 생태계의 건전한 발전을 추동하기 위해, 글로벌 미디어 시스템에 대한 지속적인 관심과 분석이 더욱 필요한 시대가 되고 있다는 점이다.

3장 한국 드라마가 만드는 글로벌 상상 공동체

넷플릭스의 기적,
오징어 게임

2020년부터 약 3년간 전 세계를 강타했던 코로나 팬데믹은 여러 사회적 변화를 가져왔다. 감염을 막기 위한 거리두기와 모임 자제령에 따라 미래 어느 시점에 실현되리라 어렴풋이 전망되었던 재택근무가 예상보다 빠르게 정착했다. 막연한 공포와 끝 모를 불안감으로 자기만의 공간으로 깊숙이 숨어 들어간 사람들이 영화관과 공연장 대신 모바일과 OTT 서비스로 콘텐츠를 즐기게 되었다.

흥미롭게도 몇 년간 다소 정체되었던 한류가 코로나 시기를 거치며 새로운 단계로 발전했다. 오랫동안 아시아 대륙 내에서의 현상이라는 이미지가 강했던 드라마 한류의 경우 〈킹덤〉, 〈D.P.〉, 〈오징어 게임〉, 〈더 글로리〉 등 넷플릭스 오리지널 시리즈가 전 지구적인 인기를 끌며 재도약했다.

특히 한류 역사상 가장 성공한 드라마인 〈오징어 게임〉은 넷플릭스를 비롯한 OTT가 TV와 영화관을 제치고 지배적 미디어로 자리매김하게끔 이끈 텍스트로 평가된다. 이제 전 세계 시청자들은 OTT 플랫폼의 '다시 보기' 서비스를 이용해 한국 드라마를 즐겨 찾아본다.

넷플릭스와 디즈니+가 눈독 들이는 한국 드라마

최근 한국 드라마 인기의 가장 큰 발판은 글로벌 OTT라 할 수 있다. 2015년 아시아 시장 진출을 결정한 넷플릭스의 첫 번째 움직임은 지역의 콘텐츠 강국인 한국 제작사에 투자하는 것이었다. 발전 가능성이 큰 아시아 시장을 공략하기 위해 아시아에서 인기가 높은 한국 드라마를 활용하겠다는 전략이었다. 곧이어 넷플릭스처럼 디즈니 플러스도 동남아 시장 개척을 위해 한국 콘텐츠에 투자한다고 밝혔다. 2016년 이래 한국 미디어산업에 약 1조 5,000억 원 이상을 투자해 온 넷플릭스는 2023년 4월에 향후 4년간 25억 달러(약 3조 3,375억 원)를 추가로 투자하겠다고 발표했다(김은형, 2023).

외국의 수용자들은 넷플릭스의 프로그램 추천 기능에 따라 〈밥 잘 사주는 예쁜 누나〉, 〈미스터 션샤인〉, 〈이태원 클라쓰〉 등을 시청한 후 내친김에 더 많은 한국 드라마를 찾아보고 몰아보기(binge watching) 한다. 콘텐츠 라이브러리 성격을 지닌 OTT는 한국 드라마의 2차 시장으로 기능한다.[1] 새롭게 유입된 한류 팬들이 이구동성으로 평하는 것은 한국 드라마의 뛰어난 오락적 품질과 작품성이다. 소설 『연금술사』로 유명한 브라질의 작가 파울로 코엘료는 2018년에 제작된 16부작 드라마 〈나의 아저씨〉를 2020년 10월에 넷플릭스에서 시청한 후 자신의 트위터에 다음과 같은 글을 올렸다(오원석, 2020).

인간 심리를 완벽히 묘사한 작품.
엄청난 각본과 환상적인 연출, 최고의 출연진에 찬사를 보낸다.

2021년 9월 17일에 공개된 〈오징어 게임〉은 넷플릭스 역사상 가장 성공한 흥행 드라마다. 공개된 지 단 17일 만에 전세계 1억 1,100만 유료 가입 가구가 시청해, 역대 최다 시청 가구 수 기록을 경신했다. 그 며칠 후인 10월 1일에는 넷플릭스가 정식 서비스되는 94개국 전체에서 시청 가구 수 1위를 달성한 최초의 작품이 되었다. 〈오징어 게임〉에 등장한 한국의 놀이문화가 지구 곳곳에서 유행했고, 2021년 가을의 전 세계 각지 핼러윈 축제는 〈오징어 게임〉 복장을 한 사람들로 가득했다.

전 세계 주요 언론이 〈오징어 게임〉에 관해 경쟁적으로 대서특필했다. 2021년 10월 미국 월스트리트 저널(The Wall Street Journal)은 〈오징어 게임〉 내용을 흉내 낸 틱톡 비디오가 엄청나게 퍼지고 있으며, 〈오징어 게임〉 복장을 하고 관련 놀이에 참여하는 것은 전 지구적 현상이라고 보도했다(정혜인, 2021). 비슷한 시기 미국 ABC 방송의 시사 프로그램 〈나이트라인〉도 〈오징어 게임〉의 인기와 그 파급효과에 대해 분석하며, 〈오징어 게임〉이 다룬 빈곤과 불평등이 인류 보편적 문제임을 강조했다(ABC News, 2021). 일 년 후인 2022년, 〈오징어 게임〉은 미국 방송계 최고 권위를 지닌 에미상 시상식에서도 가장 중요한 범주인 프라임타임 에미상 부문에서 비영어권 시리즈로서는 최초로 연출상과 남우주연상을 포함해 총 6관왕을 차지했다.

〈오징어 게임〉의 인기 비결과 장르적 규범

〈오징어 게임〉의 인기 비결을 짚어보자. 먼저 드라마의 서사를 적자생존의 서바이벌 게임 형식으로 단순하게 구성함으로써 시청자의 몰입도를 높인 점을 꼽을 수 있다. 드라마에 소개된 게임들이 지니는 함의에도 주목하자. 중년 시청자들은 젊은 시절에 대한 향수와 함께 장시간 노동과 독재에 대한 저항 혹은 순응으로 점철된 자신의 인생과 현대사를 돌아보며 드라마에 감정 이입할 수 있었다. 반면에 외국 시청자들은 서바이벌 게임이라는 익숙한 장르에 추가된 한국적 요소를 신선하게 느꼈다. 이들은 인터넷을 통해 연관된 배경지식을 찾아보는 능동성을 발휘하며 드라마에 더욱 집중했다.

자본주의 문명에 대한 비판의식도 큰 영향을 미쳤다. 〈오징어 게임〉은 경쟁 사회에서 패배하고 좌절하는 인간 군상의 모습과 그들의 비뚤어진 욕망을 구체적으로 묘사했다. 그럼으로써 자본주의 및 문명 비판의 텍스트로서 전 세계적인 공감대를 불러일으켰다. 〈오징어 게임〉 시청자들의 자발적 참여 또한 흥미로운데, 이 역시 드라마의 인기와 화제성을 확산하는 데 상당한 역할을 했다. 일부 시청자들이 드라마의 서사와 내용을 뒤트는 밈(meme)을 제작해 온라인에 유포하거나 드라마 속 진행요원의 옷을 입고 풍자와 전복의 담론을 만드는 행위가 대표적이다.

이외에도 많은 이유가 있겠지만, 〈오징어 게임〉은 오락적 흥미뿐 아니라 여러 기호학적 가능성을 함축해 참여문화를 유도했다는 평가를 받는다(Yoon, 2023). 결과적으로 외국에서 일종의 이국취미(異國趣味)로 간주되던 한국 드라마가 넷플릭스의 제작 시스템과 결합하며 지구 보편적 텍스트가 된 것이다.

그런데 한국의 드라마와 글로벌 미디어 기업 간 결합이라는 상황은 서사와 재현에 있어서 문제점도 가져왔다. 넷플릭스는 자사의 오리지널 드라마를 제작할 때 배우 캐스팅부터 줄거리 구성에 이르기까지 제작의 세부 사항을 빅데이터 분석과 기술적 알고리즘에 의존한다. 한국어 작품도 예외는 아니어서 한국 제작진은 넷플릭스가 정한 제작 기준과 절차를 준수해야 한다. 이러한 제작관습은 장르적 규범과 콘텐츠 유사성의 강화로 이끈다(Lobato, 2019).

실제로 〈오징어 게임〉, 〈지금 우리 학교는〉, 〈스위트홈〉, 〈지옥〉, 〈킹덤〉, 〈DP〉 등 최근 수년간 제작된 한국어 드라마들은 장르적으로 스릴러와 공포 영화에 속하며 캐릭터 구성도 매우 유사하다. 이에 따라 넷플릭스의 한국어 드라마가 홍콩 느와르·일본 공포물·태국 유령 영화 등을 통해 익숙해진 '폭력과 불법이 횡행하는 아시아'의 이미지와 자연스럽게 연결되는 측면이 있다. 게다가 〈오징어 게임〉은 제3세계 출신 이주민에 대한 인종차별적 묘사, 여성의 성적 도구화, 남성이 승자가 되는 전형성 등으로 비판받는다. 한국에서 제작됐음에도 불구하고 넷플릭스 오리지널 시리즈라는 형식 안에 갇힘으로써, '낙후된 아시아'라는 고정관념을 반복한다는 것이다(Yoon, 2023).

한류가 성장할수록 글로벌 미디어 시스템을 주목하자

결국 〈오징어 게임〉이 영화·드라마·케이팝을 망라해 지난 20여 년간 가장 성공한 한류 콘텐츠라는 점은 시사하는 바가 크다. 전통적으로 미국 미디어 기업은 해외 파트너십을 통해 영향력을 확대해 왔다. 넷플릭스는 CJ ENM, JTBC, tvN, 스튜디오드래곤 등 한국 미디어 기업뿐 아니라 여러 다국적 콘텐츠 기업과 제휴 관계를 맺고 있다. 최근 영화시장이 어려워지고 웨이브와 티빙 등 토종 OTT의 경쟁력이 약화함에 따라 국내 제작사들의 넷플릭스 줄서기가 심화하고 있다.

한류와 넷플릭스 간 결합은 일견 대단한 일이지만, 글로벌 대중문화의 엄중한 현실을 명징하게 드러낸다. 전 지구화 시대답게 우리 주변의 대중문화는 다양한 모습을 띠고 있다. 하지만 미국에 의한 표준화가 확산하고, 문화에 대한 자본의 지배가 더욱 강력해지고 있다.

이 같은 국제 환경에서 중국 자본의 움직임도 예사롭지 않다. IT와 미디어의 모든 영역에서 적극적으로 사업을 추진하고 있는 중국 기업 텐센트(腾讯, Tencent) 역시 할리우드 영화 제작 스튜디오뿐 아니라 유니버설 뮤직, 소니 뮤직, 워너 뮤직 등 세계 최대 음반 유통사에 관여하고 있다. 동영상 사이트 텐센트비디오를 운영하는 텐센트는 글로벌 OTT의 영향력이 강화되자 '동남아시아의 넷플릭스'로 불렸던 아이플릭스(iflix)를 인수했다.

세계 최대 중국어 검색엔진이자 포털사이트인 바이두(百度)는 동영상 플랫폼 아이치이(iQIYI)를 운영한다. 텐센트, 바이두와 함께 BAT(중국의 글로벌 IT 3대 회사)의 일원인 알리바바(Alibaba, 阿里巴巴集團)도 동영상 플랫폼 요우쿠(Youku, 优酷)를 운영한다. 근래 한한령으로 주춤하지만, 이들은 모두 한국 드라마 콘텐츠가 많다는 점을 강점으로 내세우곤 했다. 한국 드라마가 전 지구화할수록 글로벌 미디어 시스템의 역학에 더욱 주목해야 할 이유가 많이 있다.

주석

1 방송 프로그램의 방영 시장은 1차 시장(primary market)과 2차 시장(secondary market)으로 구성된다. 1990년대만 해도 드라마, 뉴스, 리얼리티쇼 등은 지상파(1차 시장)에서 방영된 후, 케이블 채널과 VHS 비디오 제작 등(2차 시장)을 통해 재방영됨으로써 부가적 수익을 창출했다. 최근에는 케이블 채널과 OTT가 오리지널 시리즈를 제작함으로써 1차 시장으로도 기능한다. 참고로, 영화 상영 시장은 오랫동안 1차 시장인 극장과 케이블·지상파·온라인·IPTV·DVD 등의 2차 시장으로 구성된 바 있다. 하지만 최근 OTT는 영화의 2차 시장 기능에 더해 1차 시장으로서의 영향력을 강화하고 있다.

누구도 예상하지 못했던
한국 드라마의 비상

한류는 누구도 예상하지 못했던 현상이었다. 1990년대 말~2000년대 초만 해도 여러 비평가는 국내에서 오랫동안 폄하되던 한국 드라마가 중국·대만·홍콩·베트남에서 인기를 얻은 것에 대해 큰 의미를 두지 않았다. 해외에서도 한국의 문화생산 능력에 의구심을 표하며 한류가 이내 시들 것으로 내다봤다.

프랑크푸르트학파 대중문화론의 영향을 받은 진보적 지식인들은 "TV 드라마란 무지한 대중에게 현실의 모순을 은폐하고 조작하는 환상과 지배 이데올로기를 불어넣는 통치 기제일 뿐이다."라고 깎아내리던 터였다. 또 보수 문화권력도 한국 드라마를 "지나치게 감상적이다.", "불륜과 삼각관계에만 의존한다.", "진부하고 저질이다." 등의 말로 무시했다. 이들에게 있어 TV 드라마는 취향의 타락이다. 즉 TV 드라마가 다루는 일상성이란 것은 천박한 통속성일 뿐이어서 교양으로 교화되어야 할 대상인 것이다. 문화는 오로지 고급예술을 가리키며 이를 누림에 따라 인간성이 고양되고 인류는 조금 더 완벽을 향해 나아간다는 20세기 초반 영국의 매튜 아놀드(Matthew Arnold)와 리비스주의(Leavisism)의 입장에서 조금도 진보하지 않았다(Storey, 2006).[1]

아시아 전역을 유혹한 〈겨울연가〉, 〈대장금〉, 〈주몽〉

그런데 〈겨울연가〉가 2003~04년 일본에서 예상 밖의 인기를 누리자 상황이 다소 바뀌었다. 한일 양국의 매스컴이 연일 일본의 〈겨울연가〉 열풍을 대서특필했고, 일본의 중년여성 팬들이 대거 한국을 찾았다. 특히 주연배우 배용준의 인기는 추운 겨울을 녹이는 용광로처럼 활활 타오르며 '욘사마' 신드롬을 일으켰다. 이는 한류에 대한 새로운 시선으로 이어졌다. 상대적으로 문화산업이 발달한 일본에 진출함으로써 한국 드라마의 상품경쟁력이 확인된 것이다.

그런데 〈겨울연가〉의 폭발적 인기 이후 일 년 넘게 새로운 히트 드라마가 나타나지 않자, 한류가 일회성 현상일 뿐이라고 조롱하는 의견들이 다시 대두되었다. 그러다가 이 같은 한류 소멸론을 단번에 잠재운 드라마가 등장했다.

그 드라마는 〈대장금〉이었다. 〈대장금〉의 인기와 파급력

2023년에도 여전한 〈겨울연가〉 인기. 남이섬의 동남아시아 팬들. (Liew Kai Khiun 사진 제공)

은 〈겨울연가〉를 훌쩍 뛰어넘었다. 60%에 육박하는 경이적인 국내 시청률을 바탕으로 아시아 전역에 수출된 〈대장금〉의 인기는 가히 폭발적이었다. 홍콩의 경우, 2005년 지상파방송 TVB에서 방송되어 최종회 시청률 50%대를 기록했다. 대만에서는 대장금의 정신을 본받겠다는 선거공약이 나올 정도로 〈대장금〉의 영향력이 상상을 초월했다. 〈대장금〉은 '여배우가 반드시 죽는다.', '우는 장면이 많다.', '내용이 천편일률적이다.' 등 외국인들이 그동안 한국 드라마에 대해 지녔던 편견을 불식시키며 남성 시청자까지 대거 끌어들였다. 그만큼 한류의 외연이 크게 확대되었다.

〈대장금〉의 대성공으로 사극이 한국 드라마의 새로운 경향으로 부상했다. 과거 한국 사극은 조선 시대 중심이었다. 작품의 토대가 될 사료가 많았고 궁중 암투가 주요 소재인 만큼 상대적으로 적은 비용으로도 제작할 수 있었다. 그런데 한류 덕에 제작비가 풍성해졌다. 성공한 드라마가 가져오는 엄청난 경제효과를 확인한 방송사들이 외주제작사와 함께 그동안 간과해 온 고대사를 배경으로 한 대작 드라마 제작에 나선 것이다.

　MBC는 〈주몽〉에 300억 원, KBS는 〈대조영〉에 350억 원을 투자했다. 또 SBS는 〈연개소문〉에 400억 원을 투입했고 김종학프로덕션은 〈태왕사신기〉에 387억 원을 쏟아부었다. 역동적인 사건과 전쟁이 잦은 고대사이지만, 정작 사료가 많지 않다는 점은 스토리 전개에 오히려 장점이 되었다. 작가의 상상력을 이용해 당시 유행했던 영화 〈반지의 제왕〉 시리즈(2001~03) 및 〈아바타〉(2009)와 유사한 판타지 드라마를 만들었다.

　실제로 처음부터 해외시장을 염두에 두고 한류스타 배용준을 주인공으로 한 〈태왕사신기〉는 〈반지의 제왕〉의 특수효과팀을 초빙해 판타지 요소를 강화했다. 이러한 '북방 사극' 혹은 '고구려 드라마'는 자연스레 민족주의를 강조했다. 2000년대 초반 중국의 동북공정과 고대사 왜곡에 분노한 시청자들이 북방 사극에 반영된 민족주의 이데올로기에 반색했다. 또한 북방 사극은 다양한 민족 및 국가와 공존하며 살았던 우리 고대사 속 경험을 상징화했다.

　왜냐하면 고구려와 발해는 광활한 영토만큼이나 특이한 이름과 언어를 사용하는 여러 민족(예를 들어 속말 말갈·흑수 말갈

등 퉁구스계 민족들)과 융합·공존하던 사회였으며, 당시는 우리 역사상 그 어느 때보다 여러 국가와 교섭이 잦았던 시대였기 때문이다.

웅장한 규모의 고구려 드라마가 이란·터키·몽골처럼 과거 대제국을 건설했던 추억을 간직하고 있는 국가의 시청자들에게 강렬한 인상을 주었다. 2009년 이란 국영방송 IRIB에서 방영된 〈주몽〉의 시청률은 무려 85%였다. 〈주몽〉의 영향으로 이란 내에서 한국 상품의 선호도가 급격히 높아졌다. 당시 LG전자는 〈주몽〉 역의 배우 송일국을 전속모델로 기용해 이란에서 상당한 매출액을 올렸다.

이슬람 종교 지도자가 상업문화를 거론하는 것은 극히 드문 일인데, 이란 최고지도자 아야톨라 알리 하메네이는 2016년에 이란을 방문한 당시 박근혜 대통령에게 〈주몽〉 드라마를 자주 보았고 많은 이란인이 〈주몽〉을 좋아한다고 말했다. 이란인들은 한국 사극이 적당히 보수적이면서도 화려하고 재미있어서 좋아한다고 말한다(우경임, 2016).

주석

1 매튜 아놀드(1822-1888)는 영국 빅토리아 시대의 시인이자 비평가다. 그는 19세기 산업화와 도시화에 따른 노동계급 문화 혹은 대중문화의 출현과 확산을 '사회·문화적 무질서이자 쇠퇴'로 규정했다. 문화를 '인간의 이성과 표현의 정수'이자 '신의 의지를 널리 퍼뜨리는 활동'으로 바라본 그는 전통적 사회 질서와 권위의 회복을 위해 대중문화의 억압을 제안했다. 리비스주의는 비평가 프랭크 리비스(F. R. Leavis, 1895-1978)가 주창한 문예 운동을 가리킨다. 매튜 아놀드에게서 상당한 영향을 받은

그는 문화의 참된 의미와 가치를 회복하고 대중소설·영화·광고의 해악을 막기 위해 위대한 문학작품의 독서를 강조했다.

해외 팬들이 한국 드라마를
좋아하는 이유

2000년대 초반을 대표한 〈가을동화〉와 〈겨울연가〉가 순수하고 가슴 아픈 사랑을 그려 중년여성을 매혹했다면, 2000년대 후반 이후 〈커피프린스 1호점〉, 〈꽃보다 남자〉와 같은 드라마는 도시적 감성을 표현함으로써 젊은 층을 사로잡았다. 또 2010년대부터는 〈태양의 후예〉와 〈나의 아저씨〉 등 중년남성 시청자에 사랑받는 드라마가 많아지면서 한류 드라마 수용자층이 남녀 구분 없이 전 연령대로 확대되는 추세다.

어째서 한국 드라마가 해외에서 인기일까? 한류 현상의 초기에는 주로 문화 근접성(cultural proximity) 개념으로 한국 드라마 인기를 설명하는 경향이 강했다. 문화 근접성은 미국의 미디어 학자 스트라우바(Straubhaar)가 브라질의 텔레노벨라 드라마가 주변국에서 인기를 끈 현상을 설명하며 잘 알려지게 된 개념이다. 이에 따르면 언어·종교·의복·음식·표정 등의 문화적 요소를 공유한 주변국 간에는 문화교류가 쉽다고 한다. 당시에는 한류가 중국·대만·홍콩·베트남 등지에서의 현상이었기에 한자문명권 혹은 유교문화권 내에서 벌어지는 일로 여겨졌다. 그래서 한류가 동아시아적 현상으로 머물 것으로 예측되기도 했다.

외래 문화의 수용과 토착화를 거쳐 성장한 한국 드라마

하지만 이런 전망은 한류가 동아시아 너머로 확산하면서 그 타당성이 약화되었다. 대신에 혼종성(hybridity) 개념이 인기를 끌게 되었다. 혼종성은 식민주의를 거친 인도·카리브해·중남미 지역의 인류학과 문학 연구로부터 파생된 개념이다. 이 이론에 따르면, 순수한 문화는 불가능한 것이며 모든 문화는 결국 교류를 통해 섞이고 합쳐짐으로써 진화한다. 그런데 모든 문화가 혼종의 산물이라는 점을 고려한다면, 유독 한국 드라마의 해외 인기를 혼종성으로 설명할 수는 없다는 비판에 직면하게 되었다.

그렇다면 질문을 조금 달리해 보자. 한국 드라마의 해외 인기 현상이란 무엇인가? 외국의 시청자들이 한국 드라마를 좋아하고, 한국 드라마를 보면서 즐거움을 느끼고, 또 그것으로부터 의미를 생산하는 것이다. 이 현상을 제대로 이해하기 위해서는 인기에 이르는, 인기를 구성하는 여러 요소를 꼼꼼하게 검토해 볼 필요가 있다. 전 세계 드라마 시청자를 아우르는 공통점이 무엇이고, 국가마다 선호하는 한국 드라마가 다른 이유가 무엇이며, 또 한국 드라마 텍스트가 지닌 서사적 힘이 무엇인지를 살펴야 한다.

우선 세계 각 지역 시청자가 드라마에 대해 갖는 특정한 기대감이 무엇일까? 이에 답하기 위해 텔레비전 드라마의 역사를 들여다볼 필요가 있다. 전 세계 시청자들은 미국 텔레비전 드라마에 기반해 드라마 리터러시(literacy)를 습득했다는 특징을 공유한다. 텔레비전이라는 매체가 탄생한 이래 각국은 지속해서 미국 드라마를 수입·방영했으며, 미국 드라마의 문법을 참조해 자국 드라마를 제작했다.

미국 드라마의 누적된 수용이라는 맥락의 중요성은 문화 근접성 개념으로 잘 알려진 스트라우바의 설명에서도 확인된다. 그는 1970년대에 브라질 방송사 TV 글로부(TV Globo)가 인접국에 텔레노벨라 드라마를 대거 수출할 수 있었던 이유로 문화적 근접성에 더해, 다음 설명을 덧붙였다. 우선 TV 글로부가 미국의 방송 제작 기술을 성공적으로 지역화해 미국 스타일과 중남미 문화요소를 함께 갖춘 콘텐츠를 만들어 낸 점이고, 이와 관련해 오랫동안 미국 드라마 문법에 익숙한 중남미 각국 수용자들이 이 브라질 텔레노벨라를 편안하게 받아들였다는 사실이다.

한국 드라마도 20세기를 거치며 오랜 시간 동안 미국 드라마 문법을 학습했다. 또한 미국 대중문화를 일찍 전유해 자기 색깔을 갖춘 일본 애니메이션과 만화 그리고 홍콩 영화도 한국 드라마에 많은 영향을 끼쳤다. 이러한 문화 수용과 토착화 과정을 통해 한국의 방송사들이 한국적 이야깃거리를 잘 버무린 특유의 한국 드라마를 만들어 냈다. 해외 팬들이 한국 드라마에서 '익숙한 특이성' 혹은 '기이한 동질성'을 발견하는 이유가 여기에 있다. 즉 외국 시청자는 한국 드라마의 독특한 지역색에 호기심을 느끼는 것에 더해 미국 문화가 닦아놓은 전 지구적 감수성을 무의식적으로 편안하게 수용하는 것이다.

이제 한국 드라마 자체의 빼어난 오락성과 작품성이 호평받고 있다. 앞에서 작가 코엘료가 인정했듯, 한국 배우의 뛰어난 용모와 연기력, 흥미와 반전의 서사에 기반한 텍스트 완성도가 한국 드라마의 성공 요인으로 자주 꼽히고 있다.

한국 드라마의 세련된 스타일과 뛰어난 서사구조

드라마 수용자들의 취향과 기호를 살피는 것도 유용한 분석 틀이 된다. 어떤 한국 드라마는 전 세계 여러 국가에서 인기 있지만, 또 다른 드라마는 특정 국가에서만 선호된다. 이는 각국의 정치·사회·문화·종교·미디어 등의 요인이 시청자 개인의 수용과 취향 형성에 영향을 주기 때문이다.

실제로 KOFICE의 『2021 해외한류 실태조사』를 보면 나라마다 한국 드라마를 좋아하는 이유가 다르다(한국국제문화교류진흥원, 2021). 중국·인도·인도네시아에서는 스토리의 짜임새에 높은 점수를 준다. 반면 일본·대만·태국에서는 배우의 외모에 주목한다. 아시아권이 아닌 브라질·프랑스·터키에서는 한국 생활이나 문화의 간접 경험이라는 요소가 한국 드라마 인기의 주요 요인으로 꼽힌다.

개인적으로 조사한 바에 따르면 일본 수용자들은 한국 배우의 외모와 한국 문화의 독특한 매력을 거론하지만, 싱가포르 팬들은 자국 드라마와 비교해 한국 드라마가 오락적으로 뛰어난 작품이라는 점을 강조한다. 베트남과 인도네시아, 필리핀 팬들로부터는 한국 드라마를 통해 한국인의 근면성과 질서의식을 배울 수 있어서 좋았다는 답변을 많이 들었다.

종합해 보면, 문화가 근접하기에 한국 드라마를 좋아한다는 의견보다 "한국 드라마의 세련된 스타일과 재미나면서도 인생을 생각하게 만드는 서사 때문에 한국 드라마를 좋아한다."라는 답변을 가장 많이 들었다. 최근에는 미국과 유럽 시청자들도 한국 드라마의 서사적 우수성과 배우의 뛰어난 연기력을 한국 드라마 선호 요인으로 거론하는 경우가 많다.

'징검다리' 효과에 주목해야

이와 함께 타국 콘텐츠와 미디어 그리고 문화 매개자(cultural intermediary)들이 한류 확산에 이바지한 '징검다리' 효과도 유심히 살필 필요가 있다. 프랑스와 독일의 수용자들은 자신들이 애호하던 일본 만화가 한국 드라마로 어떻게 극화됐는지 확인하려는 목적으로 한국 드라마를 시청하다가 결국 한류 팬이 되었다고 고백한다. 한국 드라마의 존재 자체를 알지 못했던 미얀마 수용자는 자국에 월경해 들어오는 태국 방송을 통해 한국 드라마 팬이 되었다고 진술했다. 대만 여성 수용자들은 2000년대 초반에 미국에 사는 친척들에게 한국 드라마의 매력을 소개해 미국 화교 사회 내 한류 붐에 이바지했다. 이처럼 예상 밖의 문화 매개자들이 한류 현상에 큰 역할을 했으며, 해당 지역에 가 현지 조사를 하지 않으면 확인하기 쉽지 않은 각국의 미디어 상황이 중요한 요소로 작용했다.

대중문화를 불편해하는
보수 문화권력

한국 드라마의 성공 요인을 논하는 데 있어 여성 중심 서사가 갖는 강력한 힘을 빼놓을 수 없다. 한류 팬덤의 핵심 구성원들이 초기부터 현재까지 주로 여성이라는 점과 밀접하게 연관된 대목이다.

아주 오래전인 1972년 KBS에서 방영된 〈여로〉라는 드라마가 있었다. 기구한 운명을 지닌 한 여성이 온갖 풍파 속에서 자신과 가족의 운명을 헤치고 나아가는 이야기였다. 당시 〈여로〉의 시청률을 오늘날로 환산하면 70%대일 정도로 말 그대로 국민 드라마였다. 주연을 맡았던 배우 태현실은 일약 스타 반열에 오르며 오늘날의 전지현·송혜교·손예진 이상의 인기를 누렸다. 〈여로〉가 방영되는 저녁 시간이면 텔레비전이 있는 집에 여러 이웃이 몰려들고 거리가 한산해지는 진풍경이 벌어졌다. 그래서 〈여로〉는 1970년대 TV 보급률을 급격히 높이는 데 큰 공헌을 한 드라마로 평가된다. 하지만 보수언론과 기성세대의 반응은 서늘했다. 드라마 속 남자 주인공의 바보 연기를 손가락질하며 〈여로〉를 저급한 드라마라고 비난했다.

드라마를 폄하하는 보수언론과 남성의 시선

1989년에 방영된 드라마 〈사랑의 굴레〉 때도 유사한 일이 벌어졌다. 드라마 속 여배우 고두심의 "잘났어! 정말."이라는 멘트가 국민적 유행어가 될 정도로 인기가 대단했지만, 드라마는 저질 시비에서 벗어나지 못했다. 보수언론과 기성세대에게 있어 대중문화, 특히 TV 드라마는 천박한 통속성의 세계에 속하는 저질 문화로 치부되던 시절이었다. 그들은 오랫동안 "감상적이다.", "불륜을 미화한다.", "진부하다." 등의 공격적 표현을 동원해 드라마에 대한 원색적 비난에 열을 올렸다.

드라마에 대한 보수언론과 기성세대의 폄하는 아시아의 다른 지역에서도 유사하게 펼쳐졌다. 2000년대 초반 〈겨울연가〉 열풍 당시, 자국 여성이 한국 드라마 남자 주인공에게 판타지를 가지는 것에 대해 보수적인 일본 남성은 불쾌감을 느꼈다. 일본 언론은 '욘사마'에 빠져 뒤늦은 '팬질'을 하는 중년 여성들을 '오바리언'이라고 조롱하고 폄훼했다. 오바리언은 아줌마를 뜻하는 '오바상'과 외계인을 뜻하는 '에이리언'의 합성

어다.

말레이시아의 한 남성 듀오는 자국 여성들이 한국 남성 배우를 추앙하는 것에 대한 불안감을 노래로 표현했다. 다음은 2005년 가을에 발표된 '나는 송승헌이 아니야'(我不是宋承憲)의 가사 번역본의 일부다.

넌 나더러 사랑해라고 말하라 요구하지!
넌 우리 만남이 한국 드라마 같지 않다고 불평하네
넌 너를 업고 해변을 걸으라 강요하네
또 내게 한국 라면을 매일 먹으라, 말하고 있지.

하지만 난 송승헌이 아니야!
난 그런 드라마 같은 연애를 할 줄 몰라
여기엔 그처럼 아름다운 눈 내리는 경치란 없다네
난 그저 이곳 날씨처럼 따스하고 부드러운 사랑밖에 할 줄 몰라
하지만 네 곁에 영원히 함께 있겠다는 약속은 할 수 있어.

드라마 〈가을동화〉 내용을 익살스럽게 비튼 이 노래를 통해 말레이시아 남성은 자국의 가부장적 헤게모니를 위협하는 한류 현상에 딴지를 거는 동시에, 자신은 말레이시아 날씨처럼 따스한 사랑을 줄 수 있다고 제안하며 상징적인 타협을 모색했다.

흥미롭게도 외국의 한류 팬이 주로 여성이라면 중국 배우 청룽(성룽, 成龍)과 장궈리(張國立) 등 혐(嫌)한류·반(反)한류·항(抗)한류 발언을 쏟아냈던 외국 명사들은 모두 남성이다. 한류를 새로운 모습의 문화제국주의로 규정하는 이들의 시각에는 이렇듯 성(性) 정치학이 개입되어 있다.

보수 문화권력은 오랜 시간 동안 팬덤 활동을 소녀팬의 광적인 스타 추종으로 깎아내리곤 했다. 그렇지만 팬덤을 그룹 지어 다니며 스타의 몸짓에 괴성을 지르는 식의 퇴행성으로만 정의할 수는 없다. 왜냐하면 팬덤은 수용자가 중심이 된 능동적 대중문화의 한 양태이기 때문이다. 팬들은 수용과 소비를 통해 대리 충족을 얻는 것 말고도 팬클럽 멤버 사이에 이루어지는 활동을 통해 공감대를 누리고 즐거움을 찾는다. 게다가 인터넷 대중화와 함께 팬클럽 활동이 온라인으로 이동한 지 오래다.

떠오르는 팬덤 권력

새로운 미디어 환경은 팬들의 피드백을 빨리하고 팬들 간의 커뮤니티 형성을 쉽게 함으로써 드라마에 대한 애정을 더 적극적으로 표현할 수 있게 만들었다. 인기 있는 드라마의 경우, 방영 도중에도 셀 수 없을 만큼의 시청자 의견이 인터넷 게시판에 올라온다. 2000년을 전후해 배우 개인이 아닌 드라마 텍스트를 대상으로 한 팬덤도 활성화됐다. 특정 드라마를 자신의 드라마로 여기는 열혈 수용자들 사이의 정서적 유대는 놀라울 정도다. 매클루언(Marshall McLuhan)식으로 말하면, 취향에 따른 재부족화(retribalization)다. 로코(로맨틱 코미디)족·사극족·시트콤족 등 장르에 따른 이합집산뿐 아니라 다모족·주몽족·네 멋대로 해라족 등 개별 드라마에 대한 팬덤도 탄생했다. 이들은 자신들을 드라마에 빠져 다른 일을 돌 볼 틈도 없는 드라마 '폐인'이라고 당당하게 자부한다.

팬덤에 관한 연구는 수용자가 문화산업의 상품을 어떤 방식으로 소비하고 의미를 찾아 자신들의 문화, 즉 대중문화로 재생산하는지 이해할 수 있게 한다. 팬덤은 1930년대에 전 세계적인 열풍을 불러일으켰던 공상과학소설의 팬들을 가리키는 의미로 대중화되기 시작했다. 하위문화로서 팬덤은 특정 스타를 좋아하거나 비슷한 취향을 가진 사람들로 구성된다. 팬은 스타에게 팬레터를 쓰고, 사인을 받고, 방에 스타의 포스터를 붙이고, 스타를 주인공으로 한 팬픽(fanfic)을 만드는 등의 행위를 하며 스타를 우상화한다. 열혈 팬들은 자신들이 좋아하는 드라마의 줄거리를 해체하거나 패러디를 만들어 팬진(fanzine)·블로그·포스터 등의 형식으로 인터넷에 올린다. 드라마의 극 전개가 못마땅하면 제작진에게 압력을 넣어 내용 변경을 요구하기도 한다.

참여문화가 허용되는 제작 환경 속에서 시청자는 공동 작가라는 순기능을 한다. 과거처럼 지상파 방송사가 소비자의 취향을 결정하는 시대는 이미 저물었다. 소비자들이 TV 말고도 인터넷과 모바일 그리고 국경을 넘나드는 놀이문화를 통해 자신의 여가를 선용하는 시대이기에 과거와 같은 송신자와 수신자 간 비대칭 권력관계는 무너졌다. 더욱이 드라마 폐인은 2차 시장의 확실한 고객이므로 제작사와 방송사는 이들을 무시할 수가 없다. 이러한 이유로 제작사와 방송사는 드라마 팬들을 로케이션 장소에 초대하거나 스타와의 팬 미팅을 주선하고 혹은 카메오로 드라마에 출연시키는 등의 서비스를 제공한다.

'여성의 장르'
한국 드라마

2001년부터 6년 가까이 싱가포르에 거주할 당시, 한류 현상의 상승세와 함께 급변하던 한국 드라마의 위상을 생생히 관찰할 수 있었다. 위에서 언급한 대로 오랫동안 국내에서 무시당했던 한국 드라마가 해외에서 사랑을 받게 되었다는 사실도 놀랍고 신기한 일이었지만, 한국 드라마에 대한 현지인의 관심이 한국어·음식·패션·관광 등으로 확장되는 것을 지켜보는 것도 매우 흥미로웠다.

한국에 무관심했던 한 동료가 〈겨울연가〉와 〈대장금〉의 폭발적인 인기를 경험한 후부터 필자를 만날 때마다 한국에 관한 질문 공세를 펼쳤다. 또 지인의 친구인 그래픽 디자이너는 우연한 기회에 한국 드라마 〈호텔리어〉(2001)를 보다가 남자 주인공 배용준에게 빠져들어 본격적으로 한류 팬이 되었다. 당시 그녀가 매일 아침 제일 먼저 했던 일이 배용준의 싱가포르 팬클럽 홈페이지, 배용준 공식 홈페이지 그리고 한국 연예계 정보를 전달하는 여러 웹사이트를 서핑하는 것이었다. 어느새 한국 음식 애호가가 되어버린 그녀는 작업시간마다 한국 음악을 듣고, 저녁에는 한국어학원에 다녔으며, 여러 차례 한국을 방문했다.

여성의 관점에서 발화하는 드라마

이처럼 한국 바깥에서도 드라마의 주요 고객은 여성이다. 한국 드라마의 특징인 통속적 사랑 이야기가 국외에서도 여성, 그중에서도 중년여성 그룹에 소구했음을 알 수 있다. 일본과 중국의 남성들이 한국 드라마의 인기를 경계하고 텍스트의 가치를 폄훼할 때, 민족주의적 감정으로부터 상대적으로 유연한 여성들이 한국 드라마에 자리하고 있는 여성주의 서사에 환호하고 이에 공감했다.

여성 팬들은 스타를 '알현'하거나 스타의 자취가 남아 있는 장소를 '순례'하기 위해 한국을 찾았다. 십여 년 전 일본 여성의 열렬한 팬덤에 기초해 배용준·원빈·이병헌·장동건이 한류 4대 천왕으로 불렸다. 요즘 아시아 여성들은 이민호·박서준·송중기·현빈을 최고 인기배우로 손꼽는다.

드라마는 대개 여성의 관점에서 발화하고 여성의 고통과

애환을 묘사한다. 가부장제 아래에서 사회적 약자인 여성들은 드라마를 통해 억압으로부터 상징적으로 벗어나고 강자에 대응하는 기호학적 시간을 만든다. 피스크(Fiske, 1987)에 따르면, 텔레비전 프로그램은 남성 장르와 여성 장르로 구분된다. 이런 이분법적 분류는 그 단순성에도 불구하고 고찰하는 대상을 명징하게 파악하는 데 도움을 준다. 남성 장르가 딱딱한(hard) 현실에 관한 텍스트라면, 여성 장르는 부드러운(soft) 허구를 다룬다. 뉴스와 다큐멘터리, 스포츠 경기가 남성 장르에 속하고 멜로 드라마와 시트콤은 여성 장르라 할 수 있다.

텔레비전의 가장 중요한 기능이 상징과 의미의 생산이라고 지적한 브라운(Brown, 1990)에 따르면, 각 장르는 특정 성(gender)이 선호하는 상징과 기호로 텍스트를 구성함으로써 장르적 특성을 강화하고 이를 통해 어느 한쪽의 '성'에게 더욱 특별한 의미를 지니게 된다.

비슷한 맥락에서 다치(D'Acci, 1994)에 의하면, 멜로 드라마는 결혼·가족관계·직장과 같은 사회적 상황 속에서 희생되는 개인(주로 여성) 혹은 두 명(주로 연인)의 이야기를 함으로써 여성 수용자의 기호학적 해독을 유도한다고 한다. 즉 여성 시청자들은 드라마에 재현된 여성의 삶과 사회적 문제를 자기 이야기로 느끼고 고민하고 성찰한다.

다시 말해 드라마는 여성 장르다. 장르는 다른 텍스트와 구분하고 개별 텍스트의 성격을 이해하는 데 유용한, 텍스트

연구의 중요 개념이다. 장르는 영화와 TV 프로그램 제작자가 특정한 아이디어와 반복되는 관습에 의존해 콘텐츠를 제작하게 이끎으로써 수용자에게 친숙함과 예측 가능성 혹은 기대감을 제공한다. 이를 통해 제작과 소비 간 소통이 이루어진다. 또한 장르는 제작 중심의 커뮤니케이션 연구를 보완하고, 수용과 팬덤에 대한 논의를 활발하게 이끈다.

여성의 적극적인 팬덤 활동은 드라마가 재현하는 여성의 모습도 바꾸었다. 한국 드라마는 오랫동안 여성이 겪는 여러 문제(성차별·연애·낙태·결혼·고부갈등·자녀 교육·이혼 등)를 주제로 아픔과 슬픔을 다루었다. 하지만 진보적인 해법이 아닌, 자학적인 한풀이를 통해 갈등 해결에 도달하는 정형화된 공식으로 한계를 드러냈다. 이런 방식의 서사는 결국 여성의 순종을 재생산하는 것으로 귀결되곤 했다. 그런데 2000년대 들어 한국 드라마는 과거와 확연히 다른 변화를 보인다.

로맨틱한 판타지와 여성 히어로물

우선 더 많은 드라마가 여성의 판타지에 복무한다. 〈파리의 연인〉(2004)의 재벌 2세 한기주(박신양 분)나 〈궁〉(2006)의 왕자 신(주지훈 분)은 성격과 소통 능력에 있어서 문제 있는 사람으로 설정되었다. 모든 것을 다 갖춘 '구중궁궐'에 살고 있지만 바로 그 사회경제적 '권력'으로 인해 성격이 나쁘다는 그럴듯한 개연성을 갖춘다.

한편 남자 주인공과 사랑에 빠지는 여성은 사회경제적으로 평범한 여성이다. 이런 패턴은 2022년에 방송한 〈사내 맞선〉에서도 지속한다. 주인공인 신하리(김세정 분)는 평범하지만 인간적 매력이 넘치는 사랑스러운 여성이다. 반면에 상대역 남성인 강태무(안효섭 분)는 외모뿐만 아니라 사회적 권력과 경제적 능력을 갖춘 판타지 속 인물이다.

그런데 평범한 여주인공(시청자의 상상적 대리인)이 어떻게 그와 관계를 맺을 수 있을까? 남주인공의 부족한 사회성과 성격적 결함을 여주인공의 인간적 매력이 채움으로써 관계적 균형을 만들어 냈다. 이런 설정을 통해 여성 시청자들은 신데렐라적 서사 속에서 '나와 비슷한' 평범한 인물이 '백마 탄 왕자'와 결합한다는 로맨틱한 판타지를 꿈꾸고 대리만족을 얻는다. 한국뿐 아니라 전 세계 모든 나라의 여성 시청자가 여주인공과 동일시하고 드라마 서사에 몰입하기 쉬운 구조다.

흥미로운 건 과거 여성의 전유물이었던 눈물 연기를 남성이 맡는 경우가 많아졌다는 점이다. 〈카인과 아벨〉(2009)의 신현준, 〈질투의 화신〉(2016)의 조정석, 〈사이코지만 괜찮아〉(2020)의 김수현, 〈옷소매 붉은 끝동〉(2021)의 이준호의 오열 장면은 여성 팬들의 열렬한 지지와 공감대를 얻었다. 최근 외국 팬들이 한국 드라마의 클리셰로 남성 캐릭터의 눈물 연기를 꼽을 정도가 되었다.

한편 사회적으로 강인하고 직업적 성공을 추구하는 콘트

라섹슈얼(contra-sexual) 여성 캐릭터들도 많아졌다. 여성들의 사회적 약진이라는 변화를 적극적으로 반영한 결과다. 〈대장금〉의 서사는 숱한 역경과 위기를 이겨내는 여주인공의 지혜와 직업인으로서의 자세를 기본 틀로 한다. 〈내 이름은 김삼순〉(2005)의 주인공(김선아 분)은 연애에 관한 관심 이전에 직업의식이 투철한 전문직 여성이다. 〈황진이〉(2006)에 등장하는 기생들은 성적인 측면이 강조되었던 과거 드라마와 달리 자신의 재능을 연마해 더 나은 경지에 오르고자 노력하는 예술인으로 그려진다.

사회 부조리를 직접 해결하고 가부장제 비판

사회·경제적으로 독립한 여성이 주체적으로 행동하는 서사가 많아지고 있는 점도 두드러지는 현상이다. 〈멜로가 체질〉(2019), 〈술꾼도시 여자들〉(2022), 〈서른, 아홉〉(2022)에서 극 중에 문제가 발생하면 아버지 혹은 남자친구에게 의존하지 않고 여성 스스로가 그 문제를 직접 해결한다.

한국 드라마 사상 최초로 여성 강력반장을 주인공으로 내세운 2007년 MBC 드라마 〈히트〉 이후 여성 액션물도 또 하나의 새로운 장르가 되었다. 영화 전문 채널 OCN에서 방영된 〈경이로운 소문〉(2020~21), JTBC의 〈시지프스: the myth〉(2021), 넷플릭스 오리지널 드라마 〈스위트홈〉(2020)에서 각각 여주인공을 맡은 김세정·박신혜·이시영은 남성 캐릭터보다 더

격렬한 액션을 연기한다. 여성 히어로물 〈힘쎈여자 강남순〉(2023)은 괴력을 타고난 모녀 3대 이야기다. 주인공 여성들은 사회 부조리를 직접 해결하고 현실의 가부장제를 비틀지만, 평범한 남성과의 로맨스로 극의 재미를 더한다.

삶 속에서 우러나온 한국 드라마 텍스트

이렇듯 한국 드라마는 주요 팬덤을 구성하는 여성과의 소통 속에서 서사와 스타일의 진화를 이뤄냈다. 이 과정에서 사회적 변화의 반영과 판타지 구현 간의 성공적인 결합이 한국 드라마가 국내 시청자뿐 아니라 외국 시청자까지도 만족시키게 된 성공 요인 중 하나로 볼 수 있다.

드라마는 오락물이기도 하지만 우리의 삶과 문화를 돌아보고 사회적 의제를 함께 고민하고 나누도록 이끈다(Newcomb & Hirsch, 1983). 한때는 할머니가 들려주시는 설화가, 또 다른 시절엔 마당극이 오늘날의 드라마 역할을 했다.

드라마를 즐기는 데에는 특별한 교육이 필요하지 않다. 드라마를 만들어내는 것은 정교한 코드가 아니라 대중적 코드이기 때문이다(Fiske, 1987). 연주회에 갈 때처럼 번거롭게 준비하거나 전문 서적을 읽을 때처럼 집중할 필요도 없다. 다른 일을 하면서도 즐길 수 있는 느슨한 텍스트다. TV 드라마의 이러한 속성은 일상의 소소한 사건을 묘사하고 상징화하는 데 적합하다. 드라마는 곧잘 주변에서 흔히 볼 수 있는 캐릭터를 통

2013년 미국 캘리포니아주립대학(리버사이드 캠퍼스)에서 저자가 특강을 진행했던 포스터. 한류 최대의 히트작 대장금을 소개하고 있다.

해 일상의 조각을 드러내어 끈끈한 공감과 통찰력으로 승화시킨다.

"나 술 끊어야겠다."
"그 좋은 걸 왜?"
"술이 눈물로 나오잖아, 짜증 나게."

드라마 〈서른, 아홉〉(6회)에 등장한 대사다. 주변에서 흔히 볼 수 있는 여성 캐릭터들 간의 가슴 절절한 대화에 시청자는 공감하고 삶을 돌아본다. 〈내 이름은 김삼순〉의 김삼순과 〈여우야 뭐하니〉(2006)의 고병희는 '해놓은 일 없이 어느새 나이만 들고 현실에 맞추어 늙어가고 있다고 생각하는' 여느 여성의 상징적 자아다. 음주 장면에서 이들이 드러내는 속마음은 개인적 진실과 마주하는 순간이다.

삶이 팍팍할 때 사람들은 드라마를 통해 심리적 배설을 하고 의미를 생산한다. 이를 통해 살아 나갈 힘을 충전하고 저항적 실천성을 배양한다. 〈겨울연가〉와 〈대장금〉은 본래 해외 시장을 노리고 기획된 것이 아니었다. 우리 삶 속에서 우러나온 콘텐츠다. 소주에 삼겹살처럼 한국인 삶과 함께하던 한국 드라마가 이제 세계인의 텍스트가 되고 있다.

4장 설원의 낭만을 상상하는 동남아시아

동북아시아와 다른 결의
싱가포르 한류

한류 현상이 해외에 실제로 있기나 한 것인지, 별것도 아닌 일에 설레발을 치는 것은 아닌지 하는 소위 '한류 불신론'이 팽배한 적이 있었다. 불과 몇 년 전만 해도 수업 중에 학생들과 한류에 관해 얘기하면 1/3가량이 그런 의문을 표시했다. 하긴 한류란 게 외국에서 벌어지는 현상이니 국내에 거주하는 사람들 입장에서는 그럴 수 있겠다.

그러던 것이 2020년 미국 아카데미 영화상 시상식에서 〈기생충〉이 총 6개 부문(작품상·감독상·각본상·국제장편영화상·편집상·미술상)에 후보로 지명되고 급기야 작품상·감독상·각본상·국제장편영화상을 거머쥐자, 그 논란이 상당히 수그러들었다. 게다가 2021년에는 드라마 〈오징어 게임〉이 넷플릭스 역사상 최고 흥행 기록을 세우며 불신론자들의 기세를 잠재웠다.

아무튼 오늘날의 한류는 1990년대 후반~2000년대 초반과는 비교할 수 없을 정도로 확대되었다. 팬덤의 규모도 커졌고, 인기와 열광의 대상과 범위도 드라마와 가요뿐 아니라 음악, 패션, 한국어, 전통문화 등 한국 문화의 모든 것으로 확장했다. 한류 현상의 초기에 필자가 동남아시아에서 직접 관찰하고 조사한 바를 토대로 한류의 진화와 그 함의에 대한 의견을 밝힌다.

싱가포르의 독특한 미디어 환경

1990년대 한국은 세계화라는 큰 흐름을 타고 정치·경제·사회·문화 모든 영역에서 새로운 변화를 모색했다. 하지만 몇 년 후 IMF 경제위기라는 철퇴를 맞으며 대한민국호는 거센 풍랑에 흔들렸다. 그런 상황에도 시간은 흘렀고, 새천년 즈음 한국의 여러 매체가 중화권에서 한국 드라마와 음악이 인기를 끈다는 보도를 늘려나갔다. 당시 대학원생이었던 필자는 '미국 미디어산업의 전 지구적 지배 질서에 생채기를 내는 주변부 미디어'라는 관점에서 한류 현상에 주목하기 시작했다.

2000년 12월 박사학위를 받고 2001년 1월에 싱가포르국립대학교(National University of Singapore) 조교수가 되었다. 동남아 거리 어디에서건 한류 스타의 이미지를 쉽게 볼 수 있는 요즘과 달리, 당시에 한국은 같은 아시아 국가인 싱가포르에서조차 잘 알려지지 않았다. 외국인 승객이라 여겨 이것저것 친절하게 말을 걸던 택시 기사에게 한국인이라 밝히면 무슨 말을 해야 할지 몰라 당황해했으며, 그나마 삼성 직원이냐고 묻는 사람이 간혹 있는 정도였다. 나중에 지인이 귀띔하기를 싱가포르는 아시아 전역을 덮쳤던 1990년대 후반 IMF 경제위기에도 피해가 비교적 크지 않았던 국가라, 경제적으로 휘청였던 한국을 다소 경시하는 사회적 분위기가 있다고 했다.

첫 학기 개강 후 몇 주가 지난 어느 저녁 시간에 캠퍼스를 산책할 때였다. 귀에 익은 음악 소리를 따라갔더니 댄스 동아리로 보이는 일군의 학생들이 클론의 노래 '빙빙빙'에 맞춰 춤을 추고 있었다. 싱가포르에서 처음으로 접한 한류의 실체였다. 하지만 학생들과 대화해 보니 클론에 대한 지식이 거의 없고, '춤추기 좋은'(danceable) 곡이라는 정도로 대답한다. 며칠 후 싱가포르인 동료들과 함께 시내 음악 바에 갔다. 라이브 밴드가 등장해 연주하는데, 이정현의 '와'를 광둥어로 번안한 곡이었다. 그런데 테이블에 함께 앉은 어느 누구도 이 노래의 원곡이 한국에서 만들어졌다는 사실에 관심을 두지 않았다. 2001년 봄, 동남아시아 한류의 모습이다.

싱가포르의 한류는 동남아시아적 특성을 기본으로 한다. 한국에서는 화교인구가 정·재계를 주름잡는 싱가포르를 중화권으로 바라보는 시선이 있지만, 싱가포르는 양안 삼지(兩岸 三地. 중국·홍콩·대만)로부터 지리적으로 꽤 떨어져 있으며 여러 이유에서 중화권으로 단정짓기 어렵다. 무엇보다 싱가포르는 주변국과의 관계를 고려해 동남아시아 정체성을 앞세우며, 제도적으로는 영국과 미국의 영향이 강한 영미권(英美圈)에 속한다. 게다가 상징적 국어(國語)는 말레이어이며, 법에 따라 국가(國歌)도 말레이어로만 부르게 되어 있다.

싱가포르의 대중문화는 모자이크적인 특성을 보인다. 개인의 인구·종교적 성격에 따라 인도 영화, 말레이시아 드라마, 튀르키예 드라마, 인도네시아 음악, 텔레노벨라 드라마가 활발히 수용된다. 영어가 공용어인 덕에 영어권 드라마와 영화가 자막 없이 상영되고 있으며, 영미문화의 영향력이 상당히 강하다. 게다가 한국과의 지리·문화적 간극으로 인해 싱가포르의 한류는 동북아시아와 비교해 늦게 전개됐다.

하지만 다음 장에서 자세히 설명할 화교 네트워크는 싱가포르의 중국계 인구에 상당한 영향력을 미친다. 예를 들어 대만과 홍콩에서 유행했던 대중문화가 일정 시간이 지난 후 싱가포르에서 인기를 얻게 되는데, 대만·홍콩 가수의 콘서트가 싱가포르에서 자주 열린다. 2000년대 초반, 싱가포르와 말레이시아의 서점에서는 대만에서 제작된 한국 드라마 〈가을동화〉 화보집이 판매되었다. 싱가포르와 인도네시아를 포함해 동남아시아 각 지역에서 유통되던 한국 드라마 VCD는 홍콩과 대만에서 제작된 것이었다.

미디어 자유화와 싱가포르 한류의 전개

서울 정도 크기의 땅에 약 500만 명의 인구가 거주하는 경제 강국 싱가포르. 하지만 부존자원이 절대 부족한 이 소국은 항상 절박함을 지니고 국가 생존과 발전을 모색했다. 1965년 건국 이래 한 번도 정권을 놓친 적 없는 인민행동당(People's Action Party)은 다양한 종교를 믿는 여러 민족으로 구성된 국민의 단합을 내세우며 언론을 통제했다. 대중문화에 대해서는 창작과 생산을 독려하기보다는 외국으로부터 수입해 소비하는 방식을 택했다.

2000년 싱가포르 정부는 건국 이래 유지해 온 1개의 독점 방송사(미디어코프 MediaCorp)와 1개의 독점 신문사(Singapore Press Holdings, SPH) 원칙을 깨고, 이 두 회사에 신문·방송 겸영을 허용했다. 1990년대에 몰아닥친 세계화 흐름 속에서 싱가포르가 국제 경쟁력을 유지하려면 지식경제와 창조산업에 주력해야 하며, 이를 위해 언론과 문화산업에 일정한 자유를 허용할 필요가 있다는 판단에서였다(심두보, 2009). 2001년 5월에 TV 방송을 시작한 SPH 미디어웍스(SPH MediaWorks)는 영어 채널(Channel i)과 중국어 채널(Channel U) 두 개를 운영했다. 중국계 인구가 많은 싱가포르에서 시청률 경쟁은 결국 중국어 채널(미디어코프의 Channel 8과 SPH 미디어웍스의 Channel U) 간 경쟁이었다.

2008년 11월 싱가포르에서 개최된 '싱가포르 한국영화 페스티벌' 중 팬들의 모습.

    1990년대 아시아 여러 지역에서 인기를 끈 일본 드라마를 다수 방영해 '재미를 본' 채널 8과 차별화해, 채널 유는 개국일 다음 날의 첫 정규방송 프로그램으로 한국 드라마 〈초대〉(1999)를 월화수목 밤 10시 30분에 편성했다. 채널유는 2001년 8월까지 〈토마토〉(1999), 〈불꽃〉(2000), 〈미스터 Q〉(1998) 등 한국 드라마를 연달아 편성했으며, 〈초대〉의 경우 같은 해 8월에 재방영했다. 또 대만과 홍콩에서 대성공을 거둔 〈가을동화〉(2000)를 2001년 9~11월에 방영해 5.8%라는 꽤 높은 시청률을 올렸는데, 시청자들의 요청에 따라 2002년 4월 재방송했다.

이렇듯 싱가포르 한류의 가시화는 2001년에 출범한 채널 유가 한국 드라마를 본격적으로 방영하면서부터였다. 필자가 만난 싱가포르 방송관계자들은 1990년대 말에 중화권에서 펼쳐진 한류를 인지하고는 있었으나, 일반 시청자들이 한국에 큰 관심이 없던 터라 한국 드라마 방영을 주저했다고 말했다. 하지만 새로운 도전을 시도해야만 했던 신생 방송사가 한국 드라마 카드를 꺼냈고, 결국 성공을 거뒀다.

싱가포르 시민들에게 내셔널 스포츠(national sports)가 무어냐고 물으면 대개의 다른 국가에서 나오는 대답인 '축구' 대신 '해외여행'이라는 답변을 듣게 된다. 이 도시국가의 중산층 시민은 답답한(?) 국토를 벗어나 커다란 세계를 관광하는 것을 중요한 여가 활동으로 여긴다.

2001년 초만 해도 여행사의 관광상품은 호주·일본·중국·동남아시아 관광지에 집중되었다. 그런데 한국 드라마가 인기를 끌자, 싱가포르 관광업계는 2001년 하순부터 〈가을동화〉를 주제로 한국 관광 패키지 상품을 판매하기 시작했다. 게다가 〈겨울연가〉가 펼쳐 보이는 설원의 로맨스는 일 년 내내 눈구경을 할 수 없는 상하(常夏)의 나라 싱가포르 시청자를 사로잡았다. 2004년 3월 18일 배우 배용준이 싱가포르를 방문하자 1,000여 명의 환영인파가 운집해 창이국제공항을 마비시켰다. 싱가포르 초유의 사태였다.

한편 아시아 전역을 사로잡은 〈대장금〉의 경우, VCD와

DVD가 방송보다 먼저 출시되어 인기몰이했다. 싱가포르 최대 비디오 판매 프랜차이즈인 포킴 비디오(Poh Kim Video)에 따르면 〈대장금〉 VCD와 DVD는 자사 21년 역사상 최다 판매 기록을 경신했다고 한다(Kho, 2005). 이후 〈대장금〉은 2005년 7월과 11월 두 차례에 걸쳐 케이블 채널에서 방송된 후, 2006년 공중파에서 재방영돼 평균 15%의 시청률을 기록할 정도로 큰 인기를 얻었다.

그즈음부터 한국에 관한 싱가포르인의 태도가 확연히 달라졌다. 필자 동료들은 한국에 관한 부정적인 주제보다는 한국 문화의 우수성과 한국인의 미모를 입에 올리기 시작했다. 거리의 행인들이 한국인으로 보이는 사람에게 밝게 웃으며 "안녕하세요!"라고 인사하는 진풍경이 펼쳐졌고 한국 식당 숫자가 대거 증가했다. 한국에 관한 보도라면 남북한 문제 일색이었던 싱가포르 언론이 한국 사회의 이모저모를 다루었다. 한국 대중문화에 관한 기사도 잦아졌다. 당시 전 세계 무대를 누비던 한국 운동선수들(박세리·미셸위·박지은·박지성 등)을 조명하며 이들의 활약이 아시아인의 자부심을 높이고 있다고 평가했다.

뚜벅뚜벅 나아가는 동남아 한류

다른 나라에서와 마찬가지로 1990년대 미디어 세계화의 흐름은 싱가포르에서도 방송의 경쟁체제를 도입했다. 하지만 건국 이래 하나의 정당이 계속 집권한 싱가포르 정치체제의 특징을 고려할 때 두 개의 방송사가 경쟁하기는 쉬운 일이 아니었다. 결국 SPH 미디어웍스는 3년 반 만에 폐업했고 채널유는 미디어코프에 이관되었다. 지상파의 영향력이 컸던 당시의 미디어 지형에서 신생 채널인 채널유의 한국 드라마 방영은 싱가포르 내 한류 확산에 크게 이바지했다. 하지만 〈겨울연가〉, 〈대장금〉, 〈주몽〉 이후 인기 드라마가 나타나지 않자 또다시 한류 소멸론이 떠올랐다. 싱가포르인들은 자신들은 다양한 문화의 부침("come and go")을 자주 경험했으며, 한류도 마찬가지일 뿐이라고 말하곤 했다.

그런데 2008~09년 무렵 싱가포르와 주변 동남아시아 국가에서 드라마가 아닌 걸그룹 원더걸스의 '노바디'가 거리와 라디오에서 매일 흘러나오는 인기곡이 되었다. 필리핀에서는 '노바디'를 모른다는 이유로 행인끼리 시비를 벌이다가 살인극이 벌어지는 기묘한 일이 있을 정도였다. 2009~10년부터 일본에서는 카라와 소녀시대가 K-pop 걸그룹 붐을 일으키며 인기를 끌었다. 더 나아가 2012년에는 싸이의 '강남스타일'이 지구촌 전역을 들썩이게 할 정도로 선풍적인 인기를 구가했다. 하지만 이 같은 비약적 성장세에도 불구하고 한류가 "오래가지 않을 것이다."라는 식의 폄훼가 사라지지 않았다.

팬덤의 중심이 드라마에서 케이팝으로 넘어갈 즈음인 2014년 초, 한류가 또다시 진화했다. 드라마 〈별에서 온 그대〉가 전 세계적인 히트를 하면서 중국과 동남아에서 '치맥'(치킨과 맥주)이 큰 유행이 되었다. '먹방'을 비롯해 한국의 일상문화에 주목하는 해외 언론의 보도가 이때부터 상당히 증가했다. 〈별에서 온 그대〉의 기억이 희미해질 즈음인 2016년에는 〈태양의 후예〉가 킬러 콘텐츠로 등장했다. 르몽드(Le Monde) 등 서구 유수 언론이 아시아의 10대와 중년여성뿐 아니라 전 세계 중년 남성들까지 〈태양의 후예〉에 열광하는 현상을 대서특필했다(지영호, 2016). 〈태양의 후예〉는 한국 드라마 중 최고가로 미국에 수출되었고 태국·필리핀·베트남 등 동남아시아에서 리메이크될 정도로 큰 인기를 끌었다. 2010년대에 지역적인 확장과 성장세를 보이던 한류는 결국 방탄소년단과 블랙핑크, 영화 〈기생충〉, 넷플릭스 드라마 〈오징어 게임〉으로 대표되는 글로벌 한류 현상으로 나아갔다.

중화권과 비슷한 시기에
시작된 베트남의 한류

한류가 지구촌 곳곳에서 확인되는 현상이지만 가장 비중 있는 시장은 여전히 아시아다. 그런데 여기서 주목할 게 있다. 아시아에서 가장 큰 시장인 중국과 일본이 한류 성장을 견제하거나 역사·문화적 이유로 인해 한국과 빈번히 갈등하는 반면, 동남아시아는 중·일에 비해 경제 규모는 작으나 안정적으로 성장해 왔다는 점이다.

한국국제문화교류진흥원이 펴낸 〈2022 한류 파급효과 연구〉(2023)에 따르면, 한류의 성장도와 인기도 두 측면 모두 높은 국가는 말레이시아·인도네시아·베트남 등이었다. 그중에서도 중국·대만과 비슷한 시기에 한류가 시작된 베트남 사례는 주목할 만하다. 1990년대 초부터 한국경제의 동남아 진출 교두보였던 베트남은 이제 한국의 3대 교역국이기도 하다.

베트남어로 '란성한꾁 Lan Song Han Quoc'으로 불리는 한류는 드라마 인기에서부터 촉발되었다. 1995년 베트남 국영방송 VTV1이 드라마 〈아들과 딸〉을 방영해 시청자로부터 좋은 반응을 끌어냈다. 이후 〈느낌〉, 〈금잔화〉, 〈의가형제〉, 〈내 사랑 유미〉 등이 연이어 호평을 얻었고, 유행에 민감한 10대 청소년과 중년여성 사이에 한류 열풍이 거세게 일어났다. 이어서 마케팅 효과를 노린 한국 기업들의 방송 후원도 활발히 이어졌다(이한우·레 티 화이 프엉, 2013).

베트남의 세계화와 한류

2000년대 초부터는 매일 3~4편의 한국 드라마가 베트남 지상파에서 방송되었고, 현재는 넷플릭스 등 글로벌 OTT뿐 아니라 FPT Play와 VTV Go 등 지역 OTT와 유튜브를 통해 확고한 인기를 누리고 있다. 그중에서 1998년에 방영된 〈의가형제〉는 여러 번 재방송될 정도로 인기를 끌었으며, 주연배우 장동건은 당시 베트남 최고 인기배우 대접을 받았다. 이들 한국 드라마가 묘사한 기성세대와 청년세대 간의 가치관 차이와 그에 따른 대립은 경제발전과 함께 급격한 사회변동을 겪고 있던 베트남 사회에서 큰 공감대를 형성했다. 다른 나라에서와 마찬가지로 베트남 한류는 드라마에서 가요와 영화 그리고 패션과 음식으로 그 영향력을 확장했다.

물론 베트남 한류 발생의 맥락은 단순하지 않다. 게다가 베트남 청중이 한국 대중문화만 좋아하는 것도 아니다. 1980년대 '새롭게 바꾼다'는 뜻의 도이머이(Đổi Mới, 개혁) 정책과 함께 자본주의 경제모델을 받아들인 베트남은 미국·중국·일본·유럽 등 다양한 국가로부터 대중문화를 수입했다.

1990년대 베트남에서 폭발적인 인기를 얻었던 드라마는 〈서유기 西遊記〉(1986, 중국), 〈천사들의 합창 Carrusel〉(1989~90, 멕시코), 〈미녀 마법사 사브리나 Sabrina, the Teenage Witch〉(1996, 미국), 〈황제의 딸 還珠格格〉(1998, 중국) 등이다. 모두 한국에서도 인기를 끌었던 드라마로, 베트남과 한국 양국의 시청자가 유사한 문화 세계화를 경험해 왔다는 사실을 방증한다.

특히 〈천사들의 합창〉이 베트남에서도 인기가 높았다는 사실은 여러 시사점을 던진다. 이 드라마는 전통적으로 인기 있는 영미권 드라마가 아니라 멕시코에서 만들어졌다. 멕시코는 브라질과 함께 텔레노벨라(telenovela) 드라마 수출국으로 유명하다. 1990년대 문화 세계화는 미국의 글로벌 문화지배를 강화한 측면이 있지만, 미국이 아닌 국가의 콘텐츠가 국경을 넘어 유통할 토대를 만들었다.

한국 문화에 호감이 높은 베트남

1990년대 후반~2000년대 초반 대중음악으로는 웨스트라이프(Westlife, 아일랜드), 백스트리트 보이즈(Backstreet Boys, 미국), 마이클 런스 투 록(Michael Learns To Rock, 덴마크), M2M(노르웨이) 등 다양한 국적의 뮤지션들이 인기를 얻었다(한국콘텐츠진흥원, 2021). 즉 베트남 한류는 당시 문화 세계화를 경험했던 베트남 청중이 여러 선택지 중 한국 대중문화를 고름으로써 발생한 것이다. 물론 베트남 사람 모두가 한국 대중문화를 즐기거나 한류를 옹호하는 것은 아니지만, 외래 대중문화 중 한국 문화가 높은 순위에 놓인 것은 여러 지표로 확인된다. 예를 들어 베트남의 시장 조사회사 Q&Me가 2019년 5월에 18세 이상 베트남 성인 900명을 대상으로 '한국문화 인식 현황' 조사를 했는데, 76%가 한국 문화에 호감을 드러냈으며 그중 37%는 한국 문화를 매우 좋아한다고 답변했다(한국콘텐츠진흥원, 2021).

베트남 한류는 한국어 학습 열기로 나아갔다. 1994년 호찌민국립대학교 인문사회과학대학에 한국어학과가 개설된 이래 한국어 강좌는 전국 60개 대학으로 확대되어 전공자만 2만 5천여 명에 달한다. 게다가 전국 수천 개의 사설학원에서 한국어 교육이 이루어지고 있다. 일반인을 대상으로 한 세종학당도 전 세계에서 가장 많은 22개소가 베트남에서 운영 중이며, 수강생 숫자(1만 8,000여 명)도 가장 많다(허경주, 2023).

2021년 베트남 교육훈련부는 영어·중국어·일본어·프랑스어·러시아어·독일어에 더해 한국어를 제1외국어로 선정했다. 이제 베트남 초등학교 3학년부터 한국어 교육이 가능하다. 9천여 개를 헤아리는 한국 기업이 베트남 경제의 중요한 축을 담당하는 현실을 반영한 결정이다(민영규, 2021). 2023년 9월 기준, 베트남 전국 95개 학교에서 초·중학생 2만 923명이 한국어 강좌를 수강했다(허경주, 2023). 근년에는 베트남 축구 대표팀을 이끌어 국제대회에서 괄목할 만한 성적을 거둔 박항서 감독이 베트남 국민 영웅 대접을 받으며 양국 관계를 더욱 진전시킨 바 있다.

아세안은 우리의 미래다

베트남은 아세안(ASEAN, 동남아시아 국가연합) 경제의 주요국이다. 2017년 11월 문재인 전 대통령이 "아세안은 우리의 미래다."라고 선언하며 미국·일본·중국·러시아 등 주변 4강 수준으로 아세안 국가들과의 교류를 확대하겠다는 계획을 표방했다. 실제로 많은 조사기관에서 아세안 경제 규모가 2030년 세계 4위, 2050년 세계 3위로 성장할 것으로 전망한다.

베트남은 30대 이하가 전체 인구의 절반을 차지하는 젊은 나라인 데다 국내총생산(GDP) 성장률이 매년 5~6%를 상회할 정도로 경제성장 속도가 가팔라 '넥스트 차이나'로도 불린다. 활발한 스마트폰 보급은 콘텐츠의 제작-유통-수용을 선순환할 수 있게 하며, 방송시장은 12.0%에 달하는 연평균 성장률을 기록하고 있다(김윤지, 2017). 게다가 베트남은 캄보디아와 라오스 등 인도차이나반도 주변국의 유행을 선도하는 문화 수출국이기도 하다.

한류가 매개한
베트남 방송의 산업화

그간 베트남 한류에 관한 많은 글이 한류 발생의 원인을 설명하는 데 집중했다. 일테면 양은경(2003)은 문화근접성을 들어 베트남 한류 발생을 설명했다. 베트남 현지 조사를 통해 수용자 인터뷰를 수행한 김영찬(2008)도 현지 방송환경에 대한 설명과 함께 베트남 수용자들이 한국 드라마에 대해 정서적 친밀감을 느낀다는 점에 주목했다.

반면에 여기서는 한류 현상이 현지 문화산업에 어떤 영향을 미치는지 살펴보고자 한다. 앞에서 짚어본 것처럼 한국 역시 오랜 문화 수입의 역사를 배경으로 해 자국 문화산업을 발전시켰다. 한류가 베트남의 드라마·영화·가요 등 대중문화 생산과 유통에 어떤 영향을 미치고 변화를 이끄는지 짚어보는 것은 미디어 세계화와 지역화의 관점에서도 유의미할 것이다.

베트남의 한국 드라마 리메이크 열풍

먼저 TV 드라마를 살펴보자. 한국 드라마가 큰 인기를 끌자 2000년대 초부터 베트남 방송사들이 한국 드라마를 리메이크했다. 그중에 〈꺼우범띵이우 Cầu vồng tình yêu, 한국 원작 가문의 영광, 2008〉, 〈응오이냐한프혹 Ngôi nhà hạnh phúc, 풀하우스, 2009〉, 〈응으이모우 Người mẫu, 모델, 2011〉, 〈꼬낭고냐오 Cô nàng ngố ngáo, 엽기적인 그녀, 2015〉, 〈안에엠냐박씨 Anh em nhà bác sĩ, 의가형제, 2017〉, 〈하우예이막져이 Hậu duệ mặt trờ, 태양의 후예, 2017〉, 〈짜딩라소못 Gia đình là số 1, 2, 하이킥 시리즈, 2017/2019〉, 〈냐이아이민따이우 Ngày ấy mình đã yêu, 연애의 발견, 2018〉, 〈까오냅까오떼 Gạo nếp gạo tẻ, 왕가네 식구들, 2018〉, 〈께이따오너화 Cây táo nở hoa, 왜 그래 풍상씨, 2021〉, 〈냐조바라냐 Nhà trọ Balanha, 으라차차 와이키키, 2020〉 등이 큰 인기를 끌었다. 베트남 방송사들은 리메이크를 통해 다음과 같은 효과를 얻었다.

1) 시장의 불확실성을 고려할 때, 완성도 높은 한국 드라마 원작으로 시청률이 보장된다.
2) 원작과 비교하면서 감상하는 호기심을 충족시킨다.
3) 새로운 드라마를 제작하는 것보다 제반 비용을 절감할 수 있다.

4) 이미 성공한 원작을 꼼꼼히 검토하고 재제작하는 과정을 통해 자체 제작역량을 키울 수 있다.

최근에는 양국 제작사가 제작 전 과정에 걸쳐 협업하며 인력과 장비를 공유하고 시나리오·로케이션·촬영·후속 작업 등을 같이 하는 공동제작 방식이 선호된다. 베트남 방송사는 이를 통해 연출·연기·촬영·편집 수준을 높이고 부족한 제작비를 충당하고자 한다. 베트남 정부의 의욕적인 행보도 주목되는데, '2030년 영화·드라마 비전'을 앞세우며 국제 공동제작에 대한 전폭적인 지원을 아끼지 않고 있다. 베트남은 드라마 제작 수준을 높여 주변 아시아 국가에 수출하고 국가 이미지를 높이겠다는 목표를 갖고 있다.

공동제작을 통해 베트남 프로그램으로 인정

한국 방송사로서도 베트남과의 공동제작은 매력적인 선택이다. 2007년에 베트남 정부가 문화산업 보호 정책을 발해 황금시간대인 오후 8시부터 10시까지 방송되는 모든 방송물의 30%가 자국 프로그램이어야 할 것을 규정했다. 그런 이유로 공동제작을 통해 베트남 프로그램으로 인정받는 게 중요한 과제가 되었다.

공동제작 드라마인 〈무이응오까이 Mùi Ngò Gai, 쿨란트로 향기, 2006〉, 〈꼬야우브앙 Cô Dâu Vàng, 황금 신부, 2007〉, 〈뚜이탄수우안 Tuổi Thanh Xuân, 오늘도 청춘, 2014/2016〉 등이 베트남 내에서 상당한 인기를 끌었다. 특히 CJ E&M과 베트남 국영방송 VTV가 공동제작한 36부작 〈뚜이탄수우안〉은 2014년 12월 종합엔터테인먼트 채널 VTV3에서 주중 오후 9시 30분에 방영을 해 평균 시청률 6.8%(18~45세 기준, 하노이, TNS)로 같은 시간대 드라마 1위를 차지했다. 이는 VTV3 평균 시청률 2.6%를 훌쩍 뛰어넘은 수치다. 한국에 유학 온 베트남 여성 린의 사랑과 우정에 관한 이야기로 시즌2가 제작될 정도로 호평을 받았다. 한국에서는 케이블 채널 스토리온에서 2015년 6월에 방영된 바 있다. 또한 2015년 7월에는 아시아·호주 10개국(홍콩·대만·싱가포르·필리핀·태국·말레이시아·미얀마·캄보디아·인도네시아·호주)에서 송출되는 케이블방송 채널M에서 방영했다(윤고은, 2015). 〈뚜이탄수우안〉은 2015년 VTV 인기상 및 신인상, 2016년 황금연상 최고 드라마상과 최우수 여주인공상 등 권위 있는 상을 동시에 거머쥐었다.

    2019년 10월, 한-베 공동제작으로 만들어진 3부작 드라마 〈놓치지 마 Go for it〉는 한국 케이블 채널 스마일티브이플러스(Smile TV Plus)에서 먼저 방영한 후 2020년 1월 YEAH 1TV 채널에서 3부작으로 방송되었다. 한국을 동경하던 베트남 여성이 무작정 한국에 건너와 우여곡절 끝에 케이팝 가수로 성장한다는 내용으로, 베트남 국민 걸그룹으로 불리는 라임(LIME)의 멤버 이본(Ivone)이 주연을 맡았다. 이본은 데뷔 전 한국에서 아이돌 트레이닝을 받은 경력이 있으며, 라임은 '서두르지 마', '살랑살랑' 등 한국어 곡을 발표한 바 있다(김태혁, 2019).

예능 한류와 프로그램 공동제작

사실 베트남에서는 한국 드라마뿐 아니라 리얼리티쇼와 예능 프로그램도 상당한 인기다. 2006년 KBS〈도전! 골든벨〉 포맷의 첫 번째 구매자는 다름 아닌 베트남 국영방송 VTV였다(강경지, 2006). SBS〈런닝맨〉의 인기는 주목할 만하다. 2010년에 첫 방송을 시작한〈런닝맨〉은 1년여 만에 대만·태국·중국·홍콩·일본·싱가포르·말레이시아·인도네시아·캄보디아를 포함한 아시아 9개국에 수출되었다(하유진, 2011). 또한 국내에서 방영된 지 몇 분 안 되어 베트남어 등 여러 아시아 언어 자막이 붙어 불법 유통될 정도로 인기를 끌고 있다.

출연자 중 이광수는 이 프로그램의 최대 수혜자라 할 수 있다. 그는 '아시아 프린스'라는 별명이 있을 정도로 외국에서 인기가 높다. 2013년 베트남 로케이션 때에는 수백 명의 베트남 팬들이 촬영 현장 곳곳에 몰려가 출연진 이름과 "런닝맨!"을 큰 소리로 연호하며 환호성을 보냈다.

2019년 3월, SBS와 라임엔터테인먼트 공동제작으로 만들어진〈런닝맨-짜이띠쪼찌 Chạy Đi Chờ Chi〉가 현지 지상파 채널 HTV7에서 방영되었다. 방송 2회차에 시청률 4%를 기록히고 같은 시간대 프로그램 중 시청률 2위에 올랐다. 인기에 힘입어 2019년 '베트남 올해의 예능상'을 수상했다. 2019년 12월 1일에 호찌민시에서 개최된 런닝맨 팬 미팅 행사에는 1만여 명의 팬들이 운집했으며, 2021년 9월에 시작한 시즌2도 첫 방송 시청률 5%를 기록하며 같은 시간대 시청률 1위를 차지했다(박상후, 2021).

소위 '예능 한류'는 다양한 프로그램의 공동제작으로 나아갔다. 이 과정에 한국콘텐츠진흥원의 제작지원이 큰 역할을 했다. 2018년 한국콘텐츠진흥원의 국제방송 문화교류 지원사업(국제공동제작)을 통해 KBS와 기획사 푸르모디티(FURMO DT) 그리고 베트남의 남시토 크리에이티브가 〈비스트로 케이-꽌안 한푹 Bistro K-Quán ăn Hạnh Phúc〉이라는 제목의 예능 프로그램을 만들었다.

한국에서 몇 년 전부터 성행했던 포맷인 요리와 토크를 접목한 〈Bistro K〉는 베트남에서 새롭게 시도된 프로그램 유형이다. 요리 프로그램 진행자로 유명한 이욱정 PD, 베트남의 한국계 방송인 하리 원(Hari Won), 베트남 버전 〈히든싱어〉 진행자 다이응이아(Đại Nghĩa)가 MC로 출연했다. 2019년 6월 9일부터 HTV2, TodayTV, YOUTV에서 주말 황금시간대에 동시 방송되었으며, 2019년 하반기에는 KBS World와 아리랑TV 채널로도 방영되었다(전성민, 2019).

리얼리티쇼 공동제작은 계속 이어졌다. 위에서 언급한 한국 제작사 푸르모디티가 베트남의 르다오메디아(Le Dao

Media)와 공동으로 제작한 〈안디로이게 Ăn đi rồi kể, 맛있는 드라마여행〉은 2021년 베트남 HTV와 디지털 플랫폼 Yeah 1을 통해 방송되어 인기를 끌었다. 베트남의 인기 연예인들이 한국을 찾아 짜장면·떡볶이·치킨 등의 조리법을 배운 후 베트남에 돌아와 한식을 만드는 포맷이다. 모모랜드·오마이걸·김민규·AB6IX 등 한국 아이돌이 함께 출연해 베트남 한류 팬들의 흥미를 돋웠다(정승훈, 2020).

후술하겠지만 베트남에서 CGV 영화관 사업으로 현지화에 성공한 CJ그룹은 방송 채널을 직접 운영하는 전략을 꺼내 들었다. CJ E&M은 2017년 6월 베트남 현지 케이블 VTC의 채널 중 하나인 VTC5를 2022년까지 임대하는 계약을 통해 엔터테인먼트 채널 TV Blue를 개국했다.

개업 축하연에 베트남 스타 100여 명이 게스트로 참석할 정도로 기대를 모았던 TV Blue는 베트남과 한국의 영화와 오락 프로그램, 관광·음식·패션·뷰티 등의 라이프스타일 프로그램을 주요 콘텐츠로 했다(Dien Anh, 2017). TV Blue는 2017년 11월 25일 호찌민시의 호아빈 시어터에서 개최된 〈MAMA(Mnet Asian Music Awards) in Vietnam〉 행사를 생중계함으로써 아시아 시청자들에게 한류 콘텐츠 채널로서의 위상을 널리 알렸다.

베트남에서 인기 끄는
한국 스타일의 음악과 영화

위에서 언급한 CJ 외에도 한국 콘텐츠 기업들은 일찍부터 한류 열풍이 강한 베트남을 주목했다. 네이버가 2015년 9월에 시작한 케이팝 플랫폼 브이라이브(V-Live)의 베트남 버전인 브이라이브 베트남(V-Live #Vietnam)을 2016년 1월에 출시했다. 방탄소년단과 마마무 등 한국 스타들이 베트남 가수들과 함께 출연한 브이라이브 베트남 출시 기념 콘서트는 모바일 V앱과 브이라이브 사이트에서 약 118만 뷰를 기록할 정도로 인기를 끌었다(한진주, 2016).

이후 브이라이브는 베트남의 인기 스타와 방송인들이 팬들과 소통하는 공간으로 자리 잡았다. 자신들의 베트남 내 공연은 물론 팬 미팅, 한국 연예인과의 콜라보 소식 등을 라이브스트리밍으로 전했다. 브이라이브의 성공에 힘입어 2018년 7월부터 네이버는 베트남의 음악 순위 프로그램인 〈V-하트비트 V-HEARTBEAT〉를 제작했다. 결국 네이버는 2019년에 네이버 베트남 현지법인까지 출범시켰다.

케이팝의 베트남 토착화와 브이팝(V-pop)

베트남의 오랜 한류 역사만큼이나 한국 가수들의 베트남 공연도 끊이지 않고 있으며, 국내 방송의 음악 프로그램도 베트남 로케이션을 자주 한다. 예를 들어 케이블 채널 MBC Music이 2017년 3월 25~26일 이틀간 베트남 하노이에서 〈MBC Music K-PLUS CONCERT in Hanoi〉를 개최했을 때 세븐틴·에이핑크·세븐·EXID 등 인기 아이돌이 대거 출연했다(양소영, 2017). 유튜브 내 BTS와 블랙핑크의 국가별 재생 통계를 보면 베트남이 한국보다 높은 순위에 있을 정도다(한국국제문화교류진흥원, 2021).

컬처 테크놀로지(culture technology) 개념을 주창하며 케이팝의 지역화를 선도해 온 SM엔터테인먼트 역시 베트남 시장 진출에 큰 관심을 보인다. 2017년 12월 5일 베트남 하노이 롯데호텔에서 열린 '매경 베트남 포럼' 전야제에서 기조연설을 한 이수만 SM 총괄 프로듀서는 "SM은 베트남에서 인재를 발굴해 … SM의 우수한 컬처 테크놀로지로 탄생한 K-pop처럼 전 세계의 사랑을 받을 수 있는 V-pop을 만들 것이다."라고 선언하며 자사 아이돌 그룹 NCT의 베트남 버전을 구상하고 있다고 밝혔다(김지하, 2017).

베트남 대중가요를 포괄적으로 지칭하는 브이팝(V-pop)은 최근 한국 발라드의 세련된 멜로디와 감미로운 분위기를 차용하고 있다. 특히 한국 국적 혹은 한-베 혼혈 아티스트들이 이런 스타일을 선도한다. 이에 따라 베트남 엔터테인먼트업계는 한류 열풍과 이들의 퍼포먼스를 결합하는 데 총력을 기울이고 있다.

대표적인 가수로 하리 원을 들 수 있다. 베트남 출신 아버지와 한국인 어머니를 둔 그녀는 서울에서 출생 후 호찌민시에서 학창시절을 보내 베트남어와 한국어 둘 다 능통하다. 하리 원은 2003년 한국에서 걸그룹 키스(Kiss)로 데뷔했으나 2년 만에 그룹이 해체되며 베트남으로 돌아왔다. 이후 가수의 길을 꾸준히 걸어, 2016년에 발표한 '안끄디디, Anh cứ đi đi, 그냥 가'가 베트남 음원차트 징엠피3(Zing MP3)에서 재생수 2억 290만 회를 기록할 정도로 큰 성공을 거뒀다. 그녀는 한류가 강한 베트남에서 자신의 한국성(韓國性)을 활용해 가수뿐 아니라 배우, MC로 활동 영역을 넓히고 있다(김태언, 2021).

또 다른 여가수 한사라(Han Sara)는 베트남에서 학창 시절을 보낸 한국인으로 2017년 〈더 보이스 베트남 The Voice Vietnam〉 시즌4를 통해 가수로 데뷔했다. 2017년에 발표한 '러 이우맛로이, LỠ YÊU MẤT RỒI, 사랑에 빠졌어요'는 2023년 9월 현재 유튜브 조회수 1,433만을 돌파했다. 2019년 8월 베트남 남자가수 카이 쩐(Kay Trần)과 함께 부른 '뎀끄우, ĐẾM CỪU, 양을 세다'는 출시 이틀 만에 음악사이트 징(Zing)의 리얼타임 순위 8위에 올랐고 유튜브에서는 6일 만에 조회수 650만을 기록할 정도로 인기를 끌었는데(민영규, 2019), 2023년 9월 현재 조회수 3,073만을 기록 중이다.

한사라의 노래는 가사만 베트남어로 되어있을 뿐 한국의 팝발라드 느낌이 물씬 풍긴다. '베이유'(베트남 아이유)라는 애칭을 지닌 한사라는 코미디 영화 〈탄드엉두오이바짱, Thần tượng tuổi 300, 300살 아이돌〉에 출연하는 등 배우로서도 꾸준히 활동하고 있다.

진주(Jin Ju) 역시 베트남 토착 한류를 이끄는 가수로 주목할 만하다. 본명이 신진주인 한국인 진주는 한국외대 베트남어과 재학 중에 베트남어 학습의 일환으로 베트남 노래 커버 영상을 SNS에 올리기 시작했다. 그러다가 2016년 〈베트남 히든싱어〉 프로그램 출연을 계기로 대중적 인기를 얻으면서 가수로 데뷔하게 되었다(민영규, 2019). 그녀가 2019년 8월에 베트남어로 발표한 '엠러이우사이안, Em Lỡ Yêu Sai Anh, 당신을 잘못 사랑했다'는 2023년 9월 기준 조회수 487만을 기록할 정도로 베트남에서 큰 인기를 얻고 있다.

한국인 혈통은 아니지만 한국어를 하는 어머니를 둔 덕에 일찍부터 한국어로 노래를 발표한 가수 장미(Jang Mi)도 베트남과 한국 양국을 무대로 활동한다. 본명이 부이바오짱(Bùi Bảo Trang)인 장미는 모던팝과 볼레로(Bolero, 라틴아메리카풍의 3/4박자 베트남 음악)에도 뛰어난 발라드 가수다. 2018년 영화 〈딤버저바, Tìm vợ cho bà, 할머니가 원하는 아빠의 아내를 찾아서〉에서 주연을 맡았고, 여러 드라마에 출연해 드라마 OST를 부르는 등 다방면에 걸쳐 활약한다. 장미는 2020년 8월 자작곡인 'My Everything'을 한국과 베트남에서 동시에 발표했다. 2021년에는 래퍼 정민혁과 콜라보로 댄스곡 '우리 둘이'를 출시했다. 가수 활동뿐 아니라 한식과 한국 문화를 소개하는 데 적극적인 장미는 한-베 문화교류에 큰 역할을 하고 있다.

한-베트남 쌍방향 교류로 나아가자

2000년 〈편지〉(1997)의 상영 이래 한국 영화는 베트남 극장에서 꾸준히 개봉되어 상당한 인기를 얻고 있다. 특히 〈편지〉의 주연배우 최진실은 당시 베트남에서 높은 인기를 얻어, 2008년 사망 시 베트남의 여러 포털에 애도의 글이 이어질 정도였다.

베트남은 한국 극장 체인의 해외 사업지로도 주목받고 있다. 롯데시네마는 2008년에 현지 극장 다이아몬드 시네마(Diamond Cinema)를 인수한 이래 2023년 현재 46개 상영관에 211개의 스크린을 운영해 시장점유율 2위 사업자가 되었다. CGV는 2011년 공기업 민영화 정책에 따라 매물로 나온 현지

극장 체인 메가스타 시네플렉스(Megastar Cineplex)를 인수해 극장 사업에 진출했다. 2023년 기준으로 전국 83개 상영관에 483개 스크린을 운영해 베트남에서 51% 수준의 시장점유율로 업계 1위 자리를 차지하고 있다(한순천, 2023; Won, 2017). 롯데시네마와 CGV 베트남은 베트남 영화와 한국 영화를 고루 상영함으로써 양국 영화 교류에 큰 역할을 담당한다.

베트남 내 한국 영화의 인기는 한국 영화 리메이크로 나아갔다. 한국에서 800만 이상의 관객을 동원한 〈수상한 그녀〉(2014)를 리메이크한 〈엠라바노이꼬아안, Em là bà nội của anh, 내가 니 할매다, 2015〉는 2015년 12월 11일에 개봉해 12월 말까지 박스오피스 1위 자리를 차지했다. CJ E&M과 베트남 제작사 HK Film이 공동 기획한 이 영화는 1,020억 달러의 매출을 올려 베트남 영화사상 최고 기록을 경신했다. 한국에서 700만 이상의 관객을 동원한 영화 〈써니〉(2011)를 2018년 리메이크한 〈타앙남륵러, Tháng năm rực rỡ, Go Go Sisters〉는 흥행적 성공뿐 아니라 비평적 찬사도 끌어냈다.

그 외 주목할 만한 리메이크 영화는 다음과 같다. 손예진이 출연했던 〈오싹한 연애〉(2011)는 2017년 〈이에우 띠, 드응서, Yêu đi, đừng sợ!, 사랑하자, 두려워하지 마〉로 리메이크되어 그해 흥행 7위를 차지했다. 2018년에 베트남 제작사 르다오메디아와 한국 제작사 푸르모디티가 〈과속스캔들〉(2008)을 〈스캔들 메이커, Ong Ngoai Tuoi 30, 할아버지는 서른 살〉로 리메이크해 개봉했다(김형수, 2018). 도경수와 조정석이 출연한 〈형〉(2017)은 2019년 〈안자이이에우과이, Anh trai yêu quái, 나쁜 형〉로 리메이크되어 4억 5천만 달러 이상의 매출이라는 성공적인 흥행 기록을 남겼다.

CJ와 롯데시네마는 상영·배급뿐 아니라 현지 콘텐츠의 투자와 제작에 적극적으로 참여하고 있다. 2023년 2월 CGV의 베트남 법인이 기획·투자·제작해 출시한 〈나바누, Nhà Bà Nu, 누의 가족〉가 개봉 후 26일 동안 4,600억 동(약 1,904만 달러)을 벌어들이며 역대 최고 흥행작이 되었다. 이후 나바누는 미국·캐나다·싱가포르 등 여러 국가에서 상영되어 호평받았다(Vietnam Insider, 2023). CGV는 매년 베트남 영화를 제작해 향후 베트남 전체 영화의 20% 수준으로 투자 규모를 확대할 계획이라고 한다(한순천 2023).

2023년 봄 한국에서 베트남 가수 호앙투링(Hoàng Thùy Linh)의 노래 '시틴'(See Tình)이 '띵띵땅땅'으로 알려지며 큰 인기를 끌었다. 이 노래에 맞춰 춤을 추는 댄스 챌린지 동영상 조회수가 틱톡에서 370만 개가 넘는 등 국제적인 유행이었는데, 배구 선수 이다현과 가수 싸이·정동원 등의 댄스가 틱톡과 인스타그램 그리고 유튜브에서 한류와 맞물려 더욱 입소문을 탔다. '시틴' 외에도 동남아 음악에 맞춰 춤을 추는 챌린지 동영상이 국제적으로 인기다. 태국 가수 품 비푸릿(Phum Viphurit)은 2018~2023년의 기간 동안 세 번의 내한 공연을 했다. 팬들에게 물어보면 둠칫둠칫 따라 하게 되는 리듬이 매력적이라고 한다.

상호성(相互性)의 관점에서 볼 때, 한국과 동남아시아 간 문화교류는 여전히 갈 길이 멀다. 하지만 한류의 일방향적 흐름으로 인해 여러 동남아 국가에서 반한류 감정이 발생하는 점을 고려한다면, 한국과 베트남 사이에 전개되는 활발한 교류는 많은 시사점을 던지고 있다.

웹툰과
인도네시아 한류

만화는 많은 이들에게 최초의 책으로 기억된다. 게다가 대개 즐거운 추억이다. 장마가 길게 이어지는 여름날 온종일 외출도 하지 않고 단숨에 몇 권씩 읽어내면서 컵라면으로 점심을 대충 때우거나, 추운 겨울밤 동서양 역사에 숨어 있는 왕궁의 밀담에 빠져들고 무림의 고수를 상상하며 날이 새는 줄 모르던 때가 모두에게 있었을 것이다.

그런데 이제 만화는 아날로그적 감성의 텍스트가 아니라 웹툰(Webtoon)이라는 새로운 형식의 문화상품이 되었다. 2003년 포털사이트 다음(Daum)을 통해 본격적인 서비스가 시작된 웹툰은 등장 10년 차가 되던 2013년에 '1일 사용자 1천만 명'을 돌파했다. 성장이 정체되던 한국 만화산업에 새로운 전기가 마련된 것이다.

한국콘텐츠진흥원이 발행한 『2022 만화 산업백서』에 따르면, 국내 웹툰 산업의 매출액은 1조 832억 원에 달한다. 요즘 화제가 되는 〈콘크리트 유토피아〉를 비롯해 〈DP〉, 〈무빙〉, 〈마스크걸〉 등 인기 드라마와 영화는 대개 웹툰이 원작이다. 만화가 텔레비전에 이르는 길목이라고 말했던 매클루언(McLuhan, 1964)의 말이 실현되고 있다. 웹툰을 원작으로 한 영화·드라마·게임·음반·캐릭터 상품 등이 인기를 얻게 됨에 따라, 웹툰은 디지털 경제의 핵심어인 원소스 멀티유즈(One-source, multi-use)의 상징이 되었다.

지구촌이 즐기는 한국 웹툰

미국·일본·인도네시아 등 외국에서 웹툰이 인기를 끌고 있다. 여러 언론이 '지구촌에서 함께 즐기는 한국 웹툰'이라는 식의 기사를 통해 카카오와 네이버 등 포털을 필두로 한 웹툰 서비스 회사들이 활발하게 해외에 진출하고 있음을 보도한다. 드라마·영화·가요·리얼리티쇼의 계보를 잇는 새로운 한류 콘텐츠라고 해도 무방하다.

여기서는 라인웹툰의 인도네시아 진출을 사례로 삼아 웹툰 한류를 살펴보고자 한다. 인도네시아라는 지역적 맥락이 웹툰과 어떤 방식으로 만나 새로운 문화적 변화를 이끄는지, 웹툰을 접하는 현지 수용자들의 태도와 수용 방식은 어떠한지 등을 고찰하고자 한다. 이를 위해서 수용이 이루어지는 공간의 문화생산 환경을 검토해야 한다. 아직 기간산업 개발에 주력하고 있는 인도네시아는 문화·미디어 산업 발전에 매진할 여력이 불충분하며, 따라서 자국 미디어의 시장 경쟁력이 약한 것이 현실이다. 실제로 인도네시아를 비롯한 동남아시아의 한류 팬들은 자국 대중문화 산업의 미약한 발전 정도에 대한 실망감을 자주 토로한다. 이를 배경으로 현지 수용자는 한국 대중문화 상품을 자본주의적 경쟁력을 갖춘 텍스트로 인식하며, 한국 콘텐츠가 지닌 세련된 스타일과 오락적 완성도를 자신들이 한류 팬이 된 이유로 거론한다.

또한 외래 텍스트에 대한 현지 수용자의 태도를 고찰해야 한다. 지리적 조건에서 드러나듯 인도네시아는 인도·중국·이슬람·서구 문명의 교차로였으며 오랜 기간의 피식민 역사를 갖고 있다. 이러한 역사적 경험을 통해 인도네시아는 높은 다문화 감수성을 함양했다. 인도네시아인들은 자신들이 이미 다양한 외래문화의 흥망성쇠를 경험했기 때문에 새로운 문화의 유입에 개방적이고 유연한 태도를 지니고 있다고 응답한다.

인도네시아 문화시장과 K-콘텐츠

인도네시아인의 문화적 태도에 더해 확산하고 있는 초고속 인터넷과 모바일 인프라 그리고 스마트미디어의 보급이 한류 발전의 호조건으로 기능한다. 한국의 방송 프로그램은 방영

즉시 팬들에 의해 인도네시아어 자막이 만들어져 유통되고 있으며, 배우 송중기·박보검·이민호 등이 큰 인기를 누리고 있다.

현지에 진출한 한국 기업들은 한류를 마케팅 용도로 적극 활용한다. 예를 들어, 삼성전자는 케이팝 기획사인 레인보우브릿지 에이전시가 2012년에 인도네시아 지상파방송 인도시아르(Indosiar)와 공동제작·기획해 방송한 오디션 프로그램 〈갤럭시 슈퍼스타〉의 메인 스폰서로 참가했다. 프로그램 입선자들을 일 년간 한국에 보내어 트레이닝을 받게 해준다는 점을 내세운 이 기획은 동시간대 시청률 1위를 기록할 정도로 인기를 끌었다. 인도네시아 걸그룹 SOS와 보이밴드 S4가 바로 이 프로그램을 통해 선발되어 한국에서 트레이닝 받은 후 데뷔했다.

한류 열풍 속에서 인도네시아에는 케이팝 스타일을 모방한 다수의 밴드가 등장했다. 활발한 활동을 펼쳤던 스매쉬(SM*SH)라는 보이밴드는 슈퍼주니어를 모방한 그룹으로 잘 알려져 있다. 스매쉬의 기획사인 케시뮤직(Keci Music)은 2010년에 한국 걸그룹 레인보우와 일본 걸그룹 AKB48를 모방한 7인조 걸그룹 세븐 아이콘스(7 ICONS)를 데뷔시킨 바 있다. 2011년에 데뷔한 9인조 걸그룹 체리벨(Cherry Belle)은 소녀시대의 초기 콘셉트를 모방했으며, 또 다른 걸그룹 프린세스(Princess)는 애프터스쿨의 영향을 많이 받았다.

방송 콘텐츠도 한국 텔레비전 프로그램의 내용과 스타일

을 표절한 작품들이 많이 제작됐다. 예를 들어 지상파 방송 트랜스티비(Trans TV)에서 방영했던 〈랭킹1 Ranking 1〉은 1,000명의 학생에게 질문을 던지고 학생들이 화이트보드에 답변을 적어 머리 위로 올려 보이게 하는 형식의 퀴즈 프로그램인데, 현지 한류 팬들은 이를 KBS에서 방영하는 〈도전 골든벨〉을 표절한 것이라고 지적한다.

2014년에는 〈카우 양 버라살 다리 빈탕 Kau Yang Berasal Dari Bintang 별에서 온 그대〉이라는 드라마가 방송되었는데, 저작권 소유자인 한국 SBS의 사전 동의 없이 드라마 〈별에서 온 그대〉를 그대로 표절한 내용이었다. 반면 트랜스티비가 SBS와 공동제작한 〈미션엑스 Mission X〉는 포맷 원작인 〈런닝맨〉보다 못하다는 평가와 함께 낮은 시청률에 머문 적도 있다.

대부분의 한국 웹툰 회사들은 기존 웹툰을 번역해 소개하거나, 시장에 따라 현지 만화가들의 작품을 사이트에 올리고 신진 작가들을 발굴하는 등 한국에서 성공했던 사업전략을 현지화하는 방식을 활용해 해외시장에 진출했다. 이들은 중화권, 일본, 미국 다음의 타깃으로 동남아시아를 설정했다. 2015년 4월에 인도네시아에 처음 진출한 라인웹툰의 C 과장은 인도네시아 현지 사업 추진에 대해 다음과 같이 말했다.

… 저희는 시장을 완벽하게 파악을 하고 들어가지는 못했어요. 준비 기간이 2개월 정도밖에 안 됐기 때문에 하물며 출판시장에 대한 파악이라든

가 작가군에 대한 파악이라든가 소비자에 대한 파악이라든가 이런 거 없이 그냥 한번 해보자는 심정으로 ….

충분한 시장 조사가 빠진 해외 진출은 금세 암초에 부딪혔다. 결국 시행착오 끝에 라인웹툰은 TV 광고를 포함해 다각적인 현지화 작업에 착수했다. 또한 인도네시아 스마트폰 시장에서 선두주자로 올라선 삼성 갤럭시폰에 라인 앱을 기본설정으로 장착하는 방식을 통해 구독자 수를 늘려나갔다. C 과장은 다음과 같이 말했다.

처음에 론칭했을 때 서비스한 20개 작품 중에 2개 작품 정도만 현지작품으로 가져갔었고, 계속 그렇게 진행하다가 공모전을 한번 하고 나서 2015년 12월부터 현지작품을 제대로 좀 넣을 수가 있었어요. 그러다 보니까 현지작품이 반응이 좋아서… 앞으로도 한국작품 수보다는 현지 작품 수를 더 많이 늘릴 생각이거든요.

현지화에 박차를 가하라!

라인웹툰은 출범 초 한국 웹툰만을 서비스하던 데에서 벗어나 점차 인도네시아 작가들을 발굴하고 이들의 작품을 제공했다. 만화라는 장르의 고맥락적 속성에 따라 현지 웹툰의 개발이 필요했다. 특히 인도네시아 대학생들의 일상생활을 생생하게 그려 웹 애니메이션·영화·캐릭터 상품으로도 제작되었을

2009년 인도네시아 가자마다대학교 한국어학과 교수진과 학생들.

만큼 인기를 끌었던 만화 〈시주키 Si Juki〉 시리즈를 연재함으로써 상승효과를 얻었다. 이에 더해 인도네시아인의 일상을 잘 묘사한 〈타히라라트 Tahilalats 피부의 검은 점〉와 인도네시아 여성 아델리아를 주인공으로 한 로맨스물 〈마이프리웨딩 My Pre-wedding〉을 연재하며 현지 독자의 환심을 살 수 있었다. 게다가 출판사로부터 외면받던 만화가들을 라인 웹툰의 신진 작가 등용문인 '챌린지'를 통해 웹툰 작가로 데뷔시켰다. 이렇게 현지화를 통해 인도네시아에서 웹툰이 자리를 잡아갔다.

인도네시아 포털사이트 브릴리오(Brilio)는 인기 웹툰의 빠른 업데이트, 남녀노소 모두에게 편리한 검색 방식, 웹툰에 삽입된 배경음악의 높은 수준, 뛰어난 작품성을 라인웹툰의 장점으로 꼽았다(Wardoyo, 2016). 이에 더해 필자가 인터뷰한 인도네시아 팬들은 무료 서비스가 라인웹툰의 가장 큰 매력이라고 지적했다. 만화는 책의 형식으로 존재한다는 개념을 지녔던 현지 독자들에게 온라인을 통해 무료로 제공되는 디지털 형식의 서사 만화는 새로운 경험이었다. 이들은 저작권 의식이 약해 불법복제와 소셜미디어 공유문화가 활성화된 인도네시아의 토양도 웹툰의 현지화에 기여한 요소라고 꼽았다. 인도네시아 팬 S는 다음과 같이 말했다.

> 요즘 사람들 핸드폰만 보잖아요. 예전에는 게임 많이 했는데 요즘은 인스타그램이 인기여서 인스타 하다가 재미있는 거 보면 공유하고 그러니까 웹툰도 그거부터 시작한 거 같아요.

웹툰의 드라마화도 기존의 한류 팬으로 하여금 웹툰을 소비하도록 이끄는 촉매제가 되었다. 인도네시아 팬 T는 다음과 같이 말했다.

> 제 생각엔 한류부터 시작한 거 같아요. 유명한 드라마 〈치즈인더트랩〉 그거 만화부터 시작한 거잖아요. 독자들이 이거 만화부터 시작한 거구나 이래서 드라마 본 후 만화 읽기 시작했고, 그 이후 저도 웹툰 보기 시작한 거 같아요.

디지털 매체가 주도하는 대중문화 생산·유통·소비의 맥락에서 팬들은 콘텐츠의 '변신'을 비교하며 즐거움을 생산한다. 한류도 이러한 디지털 문화 생태계 속에서 움직이고 있다.

한류뿐 아니라 다양한 외래 콘텐츠가 경합하는 동남아시아

인도네시아의 웹툰 한류를 이해하기 위해서는 인도네시아 내 일본 만화 인기도 살펴봐야 한다. 사실 인도네시아 만화 시장은 오랫동안 일본 만화가 장악했다. 인도네시아에서 판매되는 전체 서적 중 베스트셀러 목록의 상위권을 일본 만화가 차지한다. 일본 만화의 높은 선호는 과거 일본의 침략과 점령에 대한 인도네시아인들의 반감이 그리 크지 않은 사회적 분위기와 연결된다. 실제로 일본의 ODA(공적개발원조) 사업의 최대 수혜국인 인도네시아는 일본과 긴밀한 외교 협력관계를 유지하고 있다.

인도네시아 서점에 가면 겉표지를 후지산과 기모노 등 일본의 이미지로 장식한 소설책을 쉽게 찾아볼 수 있다. 일본의 여러 도시를 작품 배경으로 한 이러한 소설의 다수가 사실은 인도네시아 작가들에 의해 쓰인 것들이다. 이들은 심지어 일본인 이름을 필명으로 사용한다. 인도네시아에서 일본 만화의 영향력이 절대적임에 따라 쇼조(소녀만화), 쇼넨(소년만화), 조세이(여성만화), 세이넨(청년만화) 등 일본 만화의 장르 용어가 흔히 통용되고 있으며, 인도네시아 전역에서 수많은 아니메·망가

컨벤션이 개최되고 있다.

필자가 그룹 인터뷰한 인도네시아 독자들은 일본 만화 얘기가 나오자, 한국 웹툰과 일본 만화를 비교·평가했다. 한국 웹툰의 장점이 독특한 서사구조와 예상을 뛰어넘는 이야기 전개 그리고 코믹한 요소와 그림체의 생동감이라면, 일본 만화는 장르의 다양성을 특징으로 세련된 스타일을 지니고 있어서 소장가치가 있다고 답변하였다. 그러면서 이들은 자국 만화에 대한 비판적 시각을 드러냈다. 인도네시아 팬 O는 다음과 같이 말한다.

> 한국 웹툰이랑 인도네시아 사람이 그린 웹툰은 내용이 달라요. 인도네시아는 코미디가 많은데 스토리가 없어요… 그저 웃긴 게 제일 중요해요. 한국 만화는 어두운 내용이라도 반전이 있고 재미있어요.

그는 인도네시아 사회에 큰 영향을 미치고 있는 한류 열풍이 웹툰의 안착에 이바지했다고 말한다. "한국인이기만 하면 인도네시아에서 인기예요."라는 진술은 한류의 영향력을 함축적으로 드러낸다.

하지만 역사적으로 보았을 때 한국과 문화교류가 미미했고 종교적인 공통점이 많지 않은 인도네시아는 신중하게 접근해야 할 시장이다. 콘텐츠 검열과 관련해 인도네시아 팬 J는 다음과 같은 의견을 내비쳤다.

종교적 영향으로 문화적 규제가 엄격합니다. 순정 만화라고 해도, 남녀가 입맞춤하는 장면이 잠시 등장하는 것에도 예민하므로 책 내용을 번역할 때 주의해야 합니다. 동성애 만화 같은 것은 절대로 안 됩니다.

인구 이동의 증가에 따른 대면접촉은 문화적 차이를 더욱 불거지게도 한다. 인도네시아의 전직 대학교수 M은 현지 문화를 존중하지 않는 한국 기업인들의 태도와 무례함에 대해 매우 비판적이었다. 그는 한국 콘텐츠만 가져오면 인도네시아에서 성공할 것이라는 식의 오만한 자세에 대한 거부감이 현지 수용자들 사이에 형성되고 있다고 덧붙였다. 이와 관련해 인도네시아 팬 W는 다음과 같이 꼬집었다.

최근 인도네시아에서 가장 인기 있는 드라마는 한국이 아니라 터키 드라마에요. 인도네시아 사람들은 유행에 민감하고, 외래문화에 대해 일상적으로 개방되어 있어요.

인간 보편성을 탐구하는 콘텐츠여야 한다

결국 현지 미디어 및 소비환경의 변화에 대한 충분한 인식과 문화 현상의 가변성에 대한 지속적인 대비 없이는 해외 시장에서 언제든지 실패할 수 있음을 경고하는 메시지라 할 수 있다.

인도네시아의 웹툰 현상은 한류의 새로운 전개다. 1990년대 말 이래 드라마와 가요를 필두로 해 한반도 주변 중화권 국가로부터 시작된 한류는 장르 확장과 매체 융합 그리고 지역적 다변화 경로를 밟고 있다. 한류 현상을 이용해 수익 극대화를 추구하는 제작자, 기획사, 방송사 등이 2000년대 중후반 당시 높은 구매력과 낮은 불법유통이 특징인 일본 시장에 집중했으나, 2012년 이래 심화된 일본 내 반한 감정은 한류 현상을 서서히 냉각시켰다. 이후 한국 콘텐츠산업은 유럽·북미·남미 등 신흥 시장 개척을 위한 노력과 중국 시장에 대한 집중으로 나아갔다. 그러다가 2016년 사드(THAAD) 정국에 따른 중국의 한한령으로 한류 관련 사업은 큰 위기감에 휩싸였다.

    이러한 대외 환경 변화는 한류의 궤도 수정으로 이어졌다. 특히 민감한 외교적 문제가 자주 발생하는 동북아시아로부터 시장이 덜 성숙하지만 안정적인 한류 환경을 갖춘 동남아시아로 시선을 옮겼다. 비시스(BICIs: 브라질·인도·중국·인도네시아)의 일원으로서 주목받는 시장인 인도네시아는 세계 경제의 침체 국면 속에서도 최근 수년간 5%대의 높은 경제성장률을 기록한 국가다. 더욱이 정부와 기업 차원에서 문화산업 개발을 기치로 걸고 한국과의 문화교류에 적극적인 태도를 보이고 있다.

    앞에서도 언급했지만, 동남아시아 팬들은 한류 스타의 성공담을 근면과 노력이라는 가치의 실천과 동일시하고 있다. 이들은 한류 현상을 통해 아시아적 근대성을 상상하며, 한국을 자국의 발전 모델로 인식한다. 물론 팬덤 내 현상을 일반화해 동남아시아 시장 전체를 오독하는 오류에 빠지면 안 된다. 또한 디지털 매체의 발전과 보급에 따라 동남아시아 수용자들이 한류 말고 다른 국가의 콘텐츠를 다양하게 수용하고 있다는 점도 주목해야 한다. 이를 배경으로 트렌드에 민감한 지역의 젊은이들이 어느새 주류문화로 자리 잡은 한국 콘텐츠를 비판하며 대안적 문화를 찾아 나서는 모습도 확인된다. 또한 한국 정부와 기업의 공격적 마케팅에 대한 거부감도 확산하고 있다. 이는 한류를 문화제국주의로 인식하게끔 이끌어 한류에 대한 저항감을 불러일으키는 요소로 작용한다.

결국 한류 현상에 의지하는 것만으로 동남아에서 성공적인 웹툰 비즈니스를 전개할 수 있다는 자세를 버려야 할 것이다. 해외 독자는 계속해서 웹툰의 작품성 제고와 장르 다변화를 요청한다. 그간 한국 웹툰의 해외 성공은 무엇보다 '재미와 감동의 공감대 획득' 덕분으로 요약할 수 있다. "전 세계에 통할 만큼 인간의 보편성을 탐구하지 않는다면 도태될 것이다."라고 한『미생』의 작가 윤태호의 말에서 큰 울림이 느껴진다 (구둘래, 2017).

5장 한류, 어떻게 정의할 것인가?

KOFICE
창립 20주년에 부쳐

　　한류 현상이 나타난 지 수십 년이 되어가며 한류를 둘러싼 담론이 풍성해지기도 했지만, 그 내용에 간혹 고개를 갸우뚱할 때가 있었다. 마침 한류를 비롯한 문화교류 진흥을 위해 정부 지원 민간기구로 발족한 한국국제문화교류진흥원(이하 'KOFICE')이 창립 20주년을 맞았다. 이를 기념해 한국언론학회와 KOFICE가 공동기획한 학술회의가 2023년 5월 19일에 열렸는데, 이 회의에 지정 토론자로 참석하면서 한류를 둘러싼 몇 가지 이슈를 정리해 보았다.

　　KOFICE는 한류와 관련해 중요하고 의미 있는 소임을 수행한다. 아무래도 연구자인 까닭에 KOFICE가 꾸준히 업데이트하여 제공하는 한류 학술자료 데이터베이스에 주목하는데,

그러자니 자연스레 1990년대의 열악했던 상황이 떠오른다. 필자는 당시 미국에서 박사 논문을 작성 중이었다. 국제 미디어산업의 정치·경제 맥락과 관련한 자료 습득은 미국 대학 도서관의 방대한 자료 구축에 힘입어 수월했지만, 국내 미디어산업 현황과 변화상에 관한 자료는 구하는 데 꽤 어려움을 겪었다. 미디어산업과 한류에 관한 뉴스가 언론의 머리기사를 장식하는 지금과 달리 국가와 사회가 여전히 통제와 엄숙주의 관점에서 미디어를 다루던 시절이라 한국 신문과 잡지에서 미디어 관련 기사를 찾기는 쉽지 않았다. 게다가 인터넷이 대중화되기 전이었고 외국 언론이 한국 사회·문화에 큰 관심을 두지 않던 시절이었다.

쉽게 동의하기 어려운 한류에 관한 시선들

사실 KOFICE의 한류 정책에 관한 논의는 정책의 세부 내용에 대한 평가보다도 오히려 한류를 어떻게 정의할 것인지, 한류에 대한 외국에서의 반감이라는 이슈가 어찌하여 계속 제기되는지, 한류 정책의 본령은 무엇이어야 하는지 등과 같은 본질적 문제와 이어진다.

대체 한류란 무엇인가? 표준국어대사전은 한류를 '우리나라의 대중문화 요소가 외국에서 유행하는 현상'이라고 정의한다. 2021년 11월 22일 임오경 등 국회의원 10인이 발의한 '한류산업발전진흥법안'의 제2조 1호에서도 '우리나라의 대중문

한국국제문화교류진흥원(KOFICE) 창립 20주년 기념 책자.

화 요소가 해외에서 유행하고 소비되는 현상'이라고 규정했다. 한류에 관한 여러 정의를 보면 외국에서 한국 문화가 소비되는 현상에 더해 현지의 유행이라는 요소를 함께 고려한다는 공통점을 확인할 수 있다.

사실 지난 20여 년 동안 한류의 양상은 꽤 달라졌다. 우선 필름과 CD, VCD에 담긴 콘텐츠를 국가 간 수출입 절차를 거쳐 유통했던 과거의 초국적 문화이동과 달리, 디지털화와 플랫폼화에 기반한 오늘날의 한류는 시공간적 제한을 초월해 펼쳐진다. 한류라는 현상이 담고 있는 유행의 범위도 대중문화 콘텐츠로부터 음식, 관광, 한국학 등 한국 문화 전반으로 확장했다. 실제로 2008년부터 매년 『한류백서』를 펴내는 KOFICE

는 한류를 드라마, 영화, 음악, 공연, 게임, 만화, 출판, 뷰티, 패션, 음식, 관광의 11가지 부문으로 편찬한다. 네이버의 표준국어대사전과 고려대한국어대사전 등 대개의 국어사전이 문화를 '의식주를 비롯하여 언어, 풍습, 종교, 학문, 예술, 제도 따위를 모두 포함'시키는 점에 비추어 볼 때, 이제 한류를 '대중문화를 비롯해 한국 문화 전반에 대한 외국(인)의 관심, 선호와 적극적 수용 현상'이라고 정의해도 무방할 것이다.

그런데 최근 몇 권의 한류 관련 연구서를 보면 동의하기 어려운 한류 정의를 발견하게 된다. 어떤 저자는 한류를 '정부가 주도한 콘텐츠 수출 행위'라고 정의했다. 이는 정부의 역할을 지나치게 강조한 것으로 보인다. 또 다른 이는 한류를 '한국에서 발생한 독특한 초국가적 문화현상'이라고 진단했다. 한류는 외국에서 발생한 현상이 아니던가? 또 한류를 '한국 정부의 적극적인 문화산업 지원정책을 바탕으로 음악, 드라마, 영화, 게임 등 다양한 장르의 한국 문화콘텐츠들의 동시다발적 해외진출'로 정의한 글도 있었다(안창현, 2010). 이 정의는 문제가 더 많다. 정부 역할을 과도하게 강조한 것도 문제지만 한류를 '해외 진출'로 단순화함으로써, 한류 현상의 핵심인 해외에서의 유행과 소비를 간과한다. 이러한 시각은 우리 사회 일각에서 한류를 바라보는 자국 중심주의적 태도와 맞닿아 있으며, 결국 정부의 한류 정책에 반영되고 있다.

2001년부터 6년 가까이 싱가포르에 거주했던 필자는 여행과 현지 조사 목적으로 주변 동남아 국가들을 자주 방문했다. 이들 지역에서 한국 드라마·가요의 유통과 소비가 증가하고 팬덤이 확대함에 따라 한국인과 한국 문화에 대한 태도가 우호적으로 변화하는 모습을 흥미진진하게 관찰했다. 그 경험에 바탕해 2013년 논문에서 다음과 같이 한류를 정의한 바 있다(심두보, 2013).

한국 대중문화의 초국가적인 이동·유통과 한국 대중문화에 대한 외국 수용자들의 팬덤이라는 두 개의 서로 밀접히 관련된 층위로 구성된 문화 현상.

여기서 한류가 밀접히 관련된 두 개의 층위(이동·유통과 팬덤)로 구성되었다고 정의한 이유는 한국 대중문화 상품이 특정 국가에 수출된다고 하더라도 해당 국가 수용자들의 애호와 적극적 소비가 없다면 이는 한류로 볼 수 없기 때문이다. 덧붙여 설명하자면, 위 정의에서 팬덤은 조직화한 팬 그룹을 가리킨다기보다는 수용자의 관심과 애호, 적극적 소비를 포괄하는 메타적 의미로 사용했다.

위에서 언급한 KOFICE 창립 20주년 기념 학술회의의 발제자 김규찬의 글 '한류정책, 돌아보고 내다보기'에 제시된 한류 프로세스 다이어그램은 필자의 생각과 비슷한 관점을 드러낸다. 이 다이어그램은 네 개의 네모 도형으로 이뤄져 있는데, 각 네모는 '누가', '무엇을', '어떻게', '얼마나'를 가리킨다(아래

[그림 1] 한류 프로세스 다이어그램

누가	무엇을	어떻게	얼마나
해외 수용자와 팬덤	드라마, 케이팝, 영화, K-컬처	선호·소비·입소문 내기의 실천과 방식	지속성과 열광의 정도

*김규찬 발제문에 기초해 수정

그림1). 일견 단순해 보이지만, 이 네 개 요소는 한류 현상 분석의 기초이자 어떤 면에서는 핵심이라고 할 만하다. 김규찬도 지적했듯이 여기서 한류 현상의 '누가'에 해당하는 것은 해외의 수용자와 팬이며 '무엇을'에 해당하는 것은 한국 콘텐츠 및 문화상품이다. 또 '어떻게'는 해외에서 한국 콘텐츠를 접하고 수용하고 즐기는 방식을 가리킨다. 그리고 '얼마나'는 한류 유행의 지속성과 열광의 정도와 연관된다.

한류가 해외에서 펼쳐진 현상이니 제대로 된 분석을 위해 연구자는 마땅히 그 현장에 가야 한다. 현장을 찾아가지 않고 책과 논문만 들여다보는 '안락의자' 학자(armchair scholar, 방구석 학자)의 자세로는 한류를 제대로 이해할 수 없다. 현지 조사가 여의찮다면 온라인 민속지학을 활용해 수용자 연구를 하거나 국내에 이주한 외국인 한류 팬을 조사할 수도 있다. 그렇다고 해서 한류에 관한 연구가 '무엇이 어디에서 발생했다'를 보고하는 수준과 형식에 그쳐서는 곤란하다. 현상에 대한 두꺼운 묘사(thick description)와 함께 현상의 여러 동인과 요소를 맥락화해 탐구하는 게 무엇보다 중요하다.

즉 이렇게 수용에 관한 분석과 설명이 이루어진 연후에 한류 현상을 가능케 한 생산과 유통 등 여러 요인을 꼼꼼히 따져 보는 것이 한류 연구 과정의 2차 단계가 될 것이다. 이 2차 단계의 분석 요소에는 일테면 1990년대 전 지구화에 따른 미디어 시장의 개방, 전 지구화를 이끈 신자유주의의 부상과 디지털화, 문화산업 발전을 위한 한국사회의 노력, 정치 민주화에 따른 창작환경 개선, 창의 인력의 문화산업 유입, 한국 콘텐츠의 오락적 역량 강화, 한국 문화상품을 선택한 각국의 시장 상황, 인터넷과 플랫폼 발달에 따른 콘텐츠 접근성의 강화, 언어와 문화적 장벽을 극복할 수 있는 기술적 수단(자동 번역과 자막 장치 등)의 구현, 문화 매개자의 역량과 기능 등이 포함될 수 있다. 일반적으로 문화상품의 생애주기는 생산-유통-소비의 시간 순서를 갖지만, 한류 현상의 분석은 소비-유통-생산의 순서로 이루어져야 한다.

해외 진출이 모두 한류인 것은 아니다

위 다이어그램에서 '얼마나'도 한류를 정의하는 데 있어 중요하다. 특정 스타 혹은 문화상품에 얼마만큼 열광해야 유행으로 인정받을 수 있을까? 그리고 그 열광은 얼마나 지속해야 현상이라고 불릴 만할까? 이 물음에 선뜻 대답하기는 쉽지 않다. 하지만 우리는 1990년대 후반의 중국과 대만에서 그리고 2000년대 초반의 일본에서 벌어진 한류 현상에 관한 보도를 통해 어떤 요소들이 한류를 구성하는지 어렴풋이 알고 있다. 그것은 다음과 같은 일련의 행동으로 나타났다. 한국 드라마 혹은 대중음악이 현지 수용자의 인기를 얻고, 팬이 된 그들이 해당 콘텐츠를 적극적으로 소비한다. 이들은 콘텐츠 연관 상품을 구매하거나 스타를 모방하고 한국에 관심을 갖게 된다. 급기야 한국어를 배우거나 한국 관광을 오는 후속 행동으로 나아간다.

최근에 몇몇 논자가 한류의 기점을 드라마 〈사랑이 뭐길래〉가 수출된 해인 1992년으로 혹은 드라마 〈질투〉가 수출된 해인 1993년으로 앞당겨야 한다고 주장했다. 하지만 위에서 말한 것처럼 수출이 있었다 해서 한류가 될 수 있는 것은 아니다. 수출에 뒤따라 유행적 수용과 열광적 팬덤이 발생했다는 근거가 제시되어야 할 것이다. 언론의 순기능 중 하나는 시민 독자를 대신해서 사회적 현상을 포착하고 이를 보도·논평하는 것이다. 만약 1992~93년에 중화권에서 한국 드라마에 대해 열광적이고 지속적인 반응이 있었다면 현지 언론에 보도되었을 것이고 그 현상에 대해 사회·문화적 평가와 분석이 있지 않았을까?

반면에 위 주장에는 수출 기록을 제외하곤 해당 드라마가 현지 주류사회에서 얼마나 인기 있었고 한류 유행을 이끌었는지, 현지 수용자들의 삶과 문화에 어떤 영향을 미쳤는지에 관한 객관적이고 타당한 근거가 제시되고 있지 않다. 조금 뒤에 자세히 짚어보겠지만, 1997년 중국에서 인기를 끈 〈사랑이 뭐길래〉와 〈별은 내 가슴에〉가 한류의 시작으로 공인되는 이유는 방영에 뒤따라 유행적 수용과 열광적 팬덤이 발생했다는 근거가 제시되기 때문이다.

남성 듀오 클론이 1998~99년 대만에서 한류의 시작을 이끌었다는 주장이 받아들여지는 이유도 당시 이들의 현지 콘서트와 방송 출연에서 확인되는 유례없는 청중의 열광과 관련된 언론 보도, 30만 장에 가까운 앨범 판매 기록과 1998년도 대만 음반판매 차트 2위라는 근거가 있기 때문이다(권상국, 2009; 聯合晚報, 1998). 게다가 클론의 인기 이후 한국어 배우기 붐이 발생했고, 그즈음부터 한국 가요와 드라마 열풍이 이어져, 그 덕에 H.O.T.와 NRG 등 다른 한국 밴드의 중화권 시장 진출이 가능했다는 여러 증언이 있다(진경지, 2019; SBS, 2021a). 하지만 이러한 문화 수용 현상이 확인되지 않는 1992~93년의 수출 기록은 한류의 전사(前史)에 포함할 수 있을지언정, 오늘날 우리가 인식하는 한류의 기점으로 인식될 사례라고 보기엔 불충분하다.

언제부턴가 한국 산업과 문화가 해외에 진출하기만 하면 이를 'K-배터리', 'K-과일', 'K-푸드' 등으로 칭한다. 독자의 시선 끌기 경쟁 속에서 감각적인 워딩을 만들어 내는 저널리즘의 시선이 범람하고 있다. 이렇듯 '해외 진출'만 강조하는 분위기 속에서 한류의 실체와 개념은 오히려 모호해지고, 한때 웃어넘겼던 한류의 기점 올리기가 쉬이 거론된다. "백제 시대에 한류가 있었다." 혹은 "조선 시대 일본에 파견된 조선통신사가 한류의 원조다."라는 식의 주장 말이다. 특정 콘텐츠가 외국에 진출했다고 해서 그것이 한류인 것은 아니다. 같은 맥락에서 조선인 김염(金焰)이 1930년대 중국 최고의 인기배우였다거나, 1990년대 미국 한인사회와 유학생 사회에서 한국 방송 프로그램이 인기리에 유통·소비되었다는 사실은 한류 이전 문화교류의 사례 혹은 한류의 전사(前史)일지언정 한류 그 자체는 아니다(Shim, 2020). 왜냐하면 한류는 1980년대~2000년대라는 특정 시기의 국제 정치·경제 맥락이 작용해 발생한 세계사적 사건이기 때문이다.

다음 꼭지에서 설명하겠지만 우선 미국에서 시작된 신자유주의 경제정책이 문화상품의 국제교역 확대와 시장개방에 영향을 미친 점이 한류의 먼 원인으로 작용했다. 이 과정에서 미디어 기술 발달과 냉전 해체가 미디어 시장개방과 콘텐츠의 국제유통 확대에 중요한 역할을 했다. 이를 배경으로 드라마, 가요, 영화를 필두로 한 한국 문화산업의 상품이 초국적 시장에서 유통되고 소비되며 해외 팬덤을 만들었다. 한류가 자본주의와 문화산업, 시장경제와 세계화의 영향을 받았다는 점은 한류 인식에 매우 중요하다. 또한 한류가 현지 사회의 유행과 팬

2022년 6월 28일,
동남아 미디어 전문가인 메리 에인즐리 교수
(노팅엄대학교 닝보 캠퍼스)가
서울대 한류연구센터에서 동남아시아의
한류와 반한류에 관한 논문을 발표했다.

덤을 이끈 대중문화 현상이라는 점에 주목해야 한다. 현지의 미디어 조건에 따른 결핍과 욕망이 한국 문화상품을 받아들이도록 이끌었으며, 현지 수용자는 한국 문화상품을 즐기고 이로부터 의미를 생산해 자신들의 대중문화를 만들어 갔다.

반한류 현상에 대해서도 살펴보자. 이 문제도 한류의 개념을 정의하는 것과 맞닿아 있다. 위에서 언급했듯이 한류 현상은 외국 현지 수용자의 취향과 소비의 선택적 결과다. 그런데 외국의 팬들은 자국 언론을 통해 한국 정부가 한류 정책을 기획하고 콘텐츠 수출에 몰두한다는 보도를 접한다. 게다가, 예를 들어 한국콘텐츠진흥원(KOCCA)과 한국문화원이 자국에서 한국 문화상품의 유통지원을 하는 모습을 보곤 문화선택에 관한 자신의 자유의지가 외국 정부에 의해 간섭받고 조종받을 수 있겠다는 의심과 인식에 이른다. 이런 과정을 거쳐 한류를 문화제국주의의 도구라고 비난하는 시각도 생겨나는데, 실제로 세계 여러 국가에서 한류와 문화제국주의를 연결 짓는 논문이 발표되고 있다.

'현장'과 '본질'을 중시하는 논의가 우선되어야

바로 이 반한류 문제를 인지하고 반한류 대응을 설립 목표 중 하나로 설정하고 2003년에 KOFICE가 출범했다. 그런데도 2023년 현재, 이 문제가 여전히 해결되지 않는 이유가 무엇일까? 여러 이유가 있겠지만 그중 하나는 정책 입안자들이 한류 정책을 국내에서 기획하고, 국내에서 고민하고, 국내에 소재한 관련자를 주로 만나 문제를 논의하기 때문이 아닌가 한다. 이들은 '수용' 현상으로서의 한류에 진지한 관심을 두기보다는 '무엇을 수출할 것인가'라는 고민에 갇혀 있다. 결국 국내에서 펼쳐지는 한류 담론은 "K-콘텐츠를 이렇게 만들어야 한다.", "K-콘텐츠의 형식과 내용은 이래야 한다."라는 식의 자국 중심주의적 탁상공론에 매몰된다.

2022년 한국국제교류재단(KF)에서 '한류와 한국학'을 주제로 대규모의 컨퍼런스를 개최한 적이 있다. 세계 여러 국가의 한국학 연구자들과 한류 관련 학자들이 한자리에 모인 의미 있는 행사였다. 그런데 엉뚱한 생각이 떠올랐다. 어째서 한류를 한국학의 틀에서만 생각하는 것일까. 물론 한류는 한국

학과 밀접한 관계에 있다. 그렇지만 한류를 제대로 알고자 한다면 이를 현지의, 현장의, 지역의 관점에서 바라보고 지역학을 진흥할 방안도 고민해 봐야 하는 것이 아닐까?

한류라는 좋은 기회를 맞아 한때 폐과 위기에 놓였던 해외 여러 대학의 한국학 관련 학과에 학생들이 쇄도하는 것은 반갑고 고마운 일이지만, 한류가 진정 발전하고 확산하기를 바란다면 전 세계 각 지역에 관한 지식과 경험을 갖추고 지역을 깊이 연구하는 지역전문가를 양성해야 한다. 상대방에 대해 배우고 알려고 하지 않고 우리를 알리고자 하는 것에만 집중하는 것은 대화 상대의 의견을 듣기보다 내 얘기만 하려는 꼴과 다르지 않다. 우리를 제대로 알리는 것도 중요하지만 상대를 제대로 알고자 노력하는 것이 양방향 교류에서 매우 중요하다. 그렇지 않고는 반한류 현상에 어떻게 대응할지 모르겠다는 20년 전 우려와 문제의식이 오늘뿐 아니라 앞으로도 계속 반복될 것이다.

마지막으로 '문화 발전 촉진에 정부의 적극적 지원이 필요하다.'는 광범위한 인식을 겨냥해, 그 논리적 근거가 미약하다고 주장한 김정수의 의견을 되새겨볼 필요가 있다. 왜냐하면 문화 발달은 "매우 다양한 요인에 의해 복합적으로 영향을 받기 때문"(김정수, 2020)이다. 그렇다면 차라리 다음 명제들을 좀 더 고민해 보면 어떨까. 정부는 어떤 형식과 종류의 문화를 지원해야 하는가, 어떤 방식으로 지원해야 하는가, 국내적 지원과 국제적 지원에 있어서 그 방식을 구분해야 할 필요는 없는가, 정부는 자유로운 창작과 공정한 경쟁에 방해가 되는 요소를 제거하는 데 충분히 힘쓰고 있는가, 케이팝 공연을 위한 아레나 건설과 같은 기본 인프라 문제는 어떠한가, 정부가 전통적으로 그러했듯이 문화 부문에도 여전히 대기업의 목소리에 더 귀 기울이고 있지는 않은가? 등과 같은 질문 말이다. 결국 한류 정책에 관한 논의에 있어서 구체적인 정책의 수립과 집행 이전에 본질적이고 기초적인 고민이 충분히 선행되어야 할 것이다.

글로벌 변화와 맞물린
한국 대중문화의 흐름

한국에서 생산된 대중문화가 국제적으로 확산하고 인기리에 소비되는 현상인 한류는 어디에서 비롯되었을까. 일각에서 주장하는 것처럼 우리 민족 특유의 창의성과 흥이 현대 대중문화로 발현한 것일까? 하긴 오래전부터 한국인의 흥과 멋, 용모가 주목받은 바 있다. 3세기경에 편찬된 중국의 사서 『삼국지 위서 동이전』에 의하면, 우리 조상들은 특별히 가무에 능한 민족이었다. 일본에서 편찬한 『일본서기』는 647년 왜국(倭國)을 방문한 신라의 김춘추를 대단한 미남이자 말솜씨가 빼어난 인물이라고 평했다(최박광, 2021). 또 19세기 후반~20세기 초반에 조선을 방문한 여러 서양인이 아시아 여러 민족 중에서 조선 민족의 용모와 기풍이 출중하다고 기록했다(비숍 1994;

새비지 랜도어 2019).

미국 언론인 님 웨일스(Nym Wales)는 독립운동가 김산의 일대기 『아리랑』에서 자신이 7년간 동양에서 머물며 만난 사람 중 김산이 가장 매력적인 미남이라고 썼다(님 웨일즈·김산, 2005). 1930년대 중국 최고의 미남 배우는 조선인 김염이었다(Shim, 2020). 이를 보면 우리 민족의 외모와 흥이 한류에 한몫했다고 하더라도 틀린 말은 아닐 것이다. 하지만 국제적으로 복잡하게 전개된 한류라는 현상을 문화 본질주의적인 태도 혹은 일종의 '무속적 DNA' 학설로 설명하는 것은 게으른 일일 뿐 아니라 학문적으로 적절하지도 않다.

사실 오랫동안 문화 수입국의 틀에 갇혀 있었던 한국인들에게 한류는 꽤 신기하고 또 흐뭇한 사건이다. 우리가 친숙하게 여기는 국내 배우와 가수들이 머나먼 외국의 수용자들에게 추앙된다는 상황은 과거에 상상할 수조차 없던 일이다. 오랫동안 '글로벌'은 미국 혹은 유럽에 가야만 경험할 수 있는, '지금, 여기'로부터 동떨어진 상황을 가리키는 단어로 인식되었다. 그런데 한류 현상은 그 글로벌이 우리 거실과 안방에 이미 자리한 일상의 것이라고 일깨워 준다. 이렇듯 한류는 문화 흐름에 관한 인식의 지평을 넓힌다.

한류는 매우 복잡하고 다양한 요소가 얽혀 발생한 현상이다. 대중문화가 미디어 기술에 의해 생산되고 국내외 시장을 거쳐 유통되고 소비되는 현실을 고려할 때 자본주의의 변화,

기술의 진보, 시장개방, 미디어와 수용자 간 관계, 대중문화에 대한 사회적 인식 등 여러 맥락을 살피지 않으면 한류를 이해하기 어렵다. 때때로 불거지는 민족주의적 한류 담론의 편향성을 극복하기 위해서도 한류의 국제성을 검토할 필요가 있다.

아시아에 미친 미국 대중문화의 깊은 영향력

한류는 기본적으로 대중문화에 관한 것이다. 대중문화는 19세기 후반 이래 등장해 미국과 유럽에서 발달한 영화·레코드음악·라디오·텔레비전 등 현대 미디어에 기반하고 있다. 그러하기에 한국보다 앞서 대중문화를 발전시킨 국가들과 한국 간의 교류와 그 영향 관계에 관해 살펴볼 필요가 있다. 19세기 후반 이래 아시아는 서양 대중문화 형식과 내용을 수입했다. 동아시아에서 서양 문화 수입 및 매개의 중심도시는 상하이와 도쿄였다.

19세기에 서양 열강의 조계지가 되면서 급속하게 발전한 중국 상하이는 '동양의 파리'라는 별명이 가리키듯 서양의 문화예술이 활발히 수용되고 전개되는 장소였다. 짧은 기간 근대화에 성공한 후 제국주의의 길에 나선 일본의 수도 도쿄도 서양 문화의 수입·가공·전파 중심지였다. 20세기 초반 한반도의 문화예술인들은 상하이와 도쿄에 유학하거나 그곳의 신문물을 흡수함으로써 영화와 대중음악을 포함한 대중문화의 선구자가 되었다. 물론 서양에서 시작되고 상하이와 도쿄에 의

해 전유된 문화적 양식과 스타일은 한국인의 정서·경험·취향과 결합해 토착화했다. 그리고 이 과정을 거쳐 국내 관객과 소통하고 상호작용했다.

　1945년 해방과 함께 미군정의 지배를 받게 된 한국은 미국 문화를 직수입하기 시작했다. 안정효의 소설『헐리우드 키드의 생애』는 1950년대 한국의 젊은 세대가 미국 대중문화에 매혹되는 과정을 상세히 묘사한다. 당시 미제(美製)는 최고의 품질을 의미했으며, 미국의 정치제도와 대중문화는 모범이자 모방의 대상이었다. 한국인은 미국 영화를 감상하며 정치적 자유와 경제적 풍요를 대리 체험했다. 한반도뿐 아니라 냉전 시대 아시아 자유민주주의 진영에 편입된 일본·대만·필리핀·태국·싱가포르 등 동아시아 여러 국가에서도 미국 문화 의존이 심화됐다.

　여러 나라에 산재한 미군 부대, 미국문화원 그리고 미군 방송은 미국의 문화 전파 기지였다. 미군 부대에서 흘러나온 레코드와 잡지를 통해 아시아는 대중문화의 최신 흐름을 받아들였고, 미군 부대의 쇼단 연주 경험을 통해 아시아 각국의 대중음악인이 성장했다.

　한국의 경우, 신중현과 조용필 등 현대 대중음악 스타들이 모두 미8군 무대 연주자 출신이었다. 미국의 최신 유행곡을 원곡에 가깝게 연주함으로써 기예를 익혔던 이들은 1960년대 이후 서양의 장르와 한국인의 정서를 결합해 창작곡을 발표했다. 특히 신중현은 로큰롤(Rock'n'roll)·소울(Soul)·사이키델릭 록(Psychedelic rock) 등 트렌디한 장르를 소화하면서 한국 전통민요를 활용한 수많은 곡을 만들었다. 1964년 미8군 연예단을 탈퇴한 신중현과 그의 밴드 에드훠(Add4)는 첫 앨범으로 〈빗속의 여인〉(1964)을 냈다. 앨범 수록곡 모두를 자작곡으로 한 것은 한국 대중음악 역사상 최초의 일이었다. 앨범의 타이틀곡인 '빗속의 여인'은 국내 첫 창작 록 음악으로 기록된다. 2017년 미국의 버클리음대(Berklee College of Music)는 대중음악 발전에 대한 그의 공로를 기려 명예박사학위를 수여했다. '가왕' 조용필의 활약 또한 돋보인다. 록·알앤비(R&B)·펑크(Funk)에 조예가 깊은 그는 '한오백년', '황성옛터', '강원도 아리랑' 등의 노래를 통해 한국적 정서를 담은 독자적인 음악 세계를 열며 가장 영향력이 큰 뮤지션이 되었다.

1950년대부터 순차적으로 TV 방송을 도입한 아시아 각국은 미국 영화와 드라마에 의존해 영상 제작 문법을 익혔다. 이 과정에서 일본이 선두주자였다. 앞선 경제력에 기반해 아시아 최초로 TV 방송을 시작한 일본은 미국의 선진 방송기술을 습득했으며, 후발 아시아 방송사가 무난하게 모방할 만한 콘텐츠를 생산했다. 일본은 영상 및 음향 장비 제작 기술도 뛰어나 아시아 각국은 미국과 유럽 제품에 더해 일본제 카메라와 녹음 장비를 사용했다.

미디어 세계화와 아시아의 대응

그런데 오늘날과 비교하면 20세기 중후반의 아시아 국가 간 문화교류는 제한적이었다. 자유 진영과 공산 진영 간의 냉전(Cold War)이 직접적 영향을 미쳤기 때문이다. 아시아 대륙 내부의 적대적 분위기가 오랫동안 지속하였고, 자유 진영 내에서도 일본 식민주의를 경험한 국가들이 일본 문화 수입금지 조처 등을 통해 민족주의를 강화했다. 또한 공업화에 기반한 국가재건에 몰두한 아시아 각국은 대중문화를 통제 관점에서 바라볼 뿐 산업으로 여기지 않았다. 다만 홍콩 영화 정도가 아시아 내 국경을 뛰어넘어 사랑을 받았으며, 아시아 각국의 대중문화 제작자와 수용자 일부는 공식적으로는 금지된 일본 문화(만화·애니메이션·가요·TV 프로그램 등)를 음성적인 수준에서 시청하고 때로 모방했다.

20세기 후반 세계자본주의 체제의 변화는 아시아 지역의 정체된 문화교역에 일대 전환을 가져왔고 궁극적으로 한류 발생을 이끌었다. 특히 1980~90년대는 미국이 주도해 온 20세기 세계 경제체제가 위기를 거쳐 새로운 변화를 모색하던 시기였다.

조반니 아리기(Giovanni Arrighi, 2014)에 따르면, 한국전쟁(1950~53년) 시기부터 1973년 파리조약 사이의 20여 년간 세계자본주의가 최고의 호황을 누렸다.[1] 마그린과 쇼(Marglin & Schor, 1992)는 이 시기를 '자본주의 황금기'(the golden age of capitalism)라 칭한다. 세계의 화폐·석유·식량에 대한 통제권과 강력한 군사력을 지닌 미국이 이 시기의 글로벌 헤게모니 국가였다. 하지만 1971년 브레튼우즈 체제(Bretton Woods system)의 종식, 일본과 서독의 경제적 도전, 베트남전쟁 참전에 따른 국가경제 손실, 1970년대 연이은 오일쇼크 등으로 인해 미국의 국제경제 통제력이 약해졌다. 또한 1970년대 후반에 발생한 이란혁명과 같은 외교적 격변으로 인해 미국이 유지했던 세계정부 기능과 위신이 급격히 훼손되었다.

1981년에 집권한 레이건(R. Reagan) 행정부가 미국의 위기를 극복하는 방안으로 내놓은 것이 바로 신자유주의(neoliberalism) 추진이었다. 자본의 자유로운 투자를 독려하기 위해 규제를 대폭 줄였으며 시장에 대해 갖고 있던 정부의 권한을 기업에 내주었다. 공공부문이 민간에 상당수 매각되었고 기존의 사회보장제도가 크게 위축되었다. 국제적으로는 시장의 완전 개방, 관세 철폐, 자본의 초국적 이동을 추진했다. 미디어산업도 예외는 아니었다. 신문과 방송 그리고 영화산업 간 겸영을 금지했던 규제를 순차적으로 완화했다(McChesney, 1999). 이에 따라 거대자본이 미디어 부문에 대거 진입했고, 할리우드는 정부를 부추겨 해외시장 개방을 추동하며 새 활로를 모색했다.

1985년 미국 정부는 통상법 301조에 근거해 한국 영화시장의 개방을 요구했다. 결국 1987년 미국의 시장개방 압력에 굴복해 한국 문화공보부(현 문화체육관광부)가 국내 영화산업의 외국인 투자제한을 해제하고 UIP(United International Pictures)와 20세기 폭스(20th Century Fox)에 영화사 설립을 허용했다. 다국적 영화배급회사로 할리우드의 파라마운트(Paramount), 유니버설(Universal), MGM/UA 작품을 주로 배급한 UIP는 1988년 UIP코리아를 설립해 국내에서 영화배급 사업을 시작했다.

거대자본을 앞세운 미국 영화산업의 국내 진출은 곧 한국 영화산업의 위기였다. 이를 극복하기 위해 영화계 인사들과 시민단체가 'UIP 영화 안 보기 운동'을 펼치며 거세게 반발했지만 역부족이었다. 운동 과정에서 상영관에 뱀을 풀어놓은 소동이 벌어졌다. 1988년 UIP코리아의 첫 직배 영화 〈위험한 정사 Fatal Attraction〉(1987)의 상영관인 명동 코리아극장과 신촌 신영극장 그리고 그 이듬해 〈레인 맨 Rain Man〉(1988)의 상영관인 종로 씨네하우스에서였다. 그 방식의 치졸함만큼이나 한국 영화의 질적 수준에 실망했던 시민들의 반응은 싸늘했다.

영화계 내부에서 한국 영화의 경쟁력을 키워야 한다는 자성론이 일었다. 언론도 국내 영화의 보호장치가 줄어든 곤경에서 벗어나기 위해서는 한국 영화의 오락적·미학적 질을 높여 할리우드 영화와 경쟁해야 한다는 담론을 퍼뜨렸다. 바야흐로 시장개방을 특징으로 하는 세계화 시대가 열리고 있었다.

국제 미디어업계의 흐름도 가파르게 요동쳤다. 가전제

품으로 유명한 일본의 소니(Sony)가 1989년 미국 컬럼비아(Columbia)영화사를 34억 달러에 인수하고, 마쓰시타전기산업(Matsushita Electric)이 1990년에 미국 유니버설영화사 및 MCA 레코드(현재 유니버설음악그룹)를 61억 달러에 인수했다. 소니와 마쓰시타 사례처럼 한국 전자업계도 TV 세트와 VCR 판매의 제고를 위해선 영상 콘텐츠를 생산해, 시너지 효과를 추구해야 한다는 논리가 급부상했다. '1 더하기 1이 2 이상의 효과를 창출할 수 있다'는 뜻의 시너지(synergy)가 유행어가 되었다. 서로 다른 영역의 비즈니스가 결합함으로써 동반 상승효과를 창출할 수 있다는 뜻으로 받아들여졌다.

때마침 '쥬라기 공원 담론'이 엄청난 파장을 일으켰다. 제조업과 건설업 등 중공업만을 산업으로 인식하고 영화와 가요와 같은 대중문화를 천시하던 당시 한국 사회에서 할리우드 영화 〈쥬라기 공원 Jurassic Park〉(1993) 한 편이 현대자동차 150만 대 수출과 맞먹는다는 정부 보고서 내용이 회자한 것이다. 영상산업이 '굴뚝 없는 미래 먹거리 산업'이라는 의제가 득세했고 규제 철폐에 따라 많은 대기업이 앞다투어 케이블, 영화, 음반사업에 뛰어들었다. '탈규제,' '세계화'와 함께 '할리우드를 본받자!'라는 구호가 대중문화계에 유행했다. 1995년 3억 달러를 투자해 신생 할리우드 스튜디오 드림웍스 SKG(DreamWorks SKG)의 지분 11.2%를 획득한 제일제당(현재 CJ)은 할리우드로부터 지식과 노하우를 전수 받는 것이 투자의 핵심이라고 전했다(심두보, 2004).

개봉 당시 큰 기대를 받지 못했던 〈서편제〉(1993)가 한국 영화계에 희망의 빛을 밝혔다. 한국 영화 사상 최초로 서울 개봉관 관객 103만 명을 동원한 것이다. 판소리를 하며 살아가던 가족의 해체를 그린 영화가 예상 밖의 대성공을 거두면서 새로운 가능성을 제시했다. 전통 정서를 제대로 담아낸 우수한 영화라면 흥행에도 성공할 수 있다는 믿음과 자신감이 영화계에 활력을 불러일으켰다. 때마침 산업화 과정을 거쳐 가용자산을 확보한 시민들이 문화 소비에 적극적으로 나서며 호응했다. 당시 김영삼 대통령을 필두로 여러 정치인이 〈서편제〉를 직관하여 대중문화의 달라진 위상을 웅변했다.

'학삐리'와 '날라리'의 열정과 창의성이 폭발한 1990년대

국내 민주화운동도 1990년대 문화산업 활성화에 기여했다. 오랜 독재체제 아래에서 고통스러운 시기를 이겨낸 한국 시민이 1987년에 대통령직선제를 포함한 여러 민주적 제도를 확보했다. 그중 언론사와 방송사의 신설이 포함되었다.

1980년대 캠퍼스와 거리에서 민주화운동에 참여하고 동조했던 청년층이 자신들이 비판했던 재벌기업에 취업하는 대신, 비판적 지성을 실천할 수 있는 보다 자유로운 일터인 언론·방송계 및 영상산업에 진입하며 진로 모색에 나섰다. 이들 중 일부는 민주화운동에서 한 자리를 차지했던 영화·연극 제작과 노래패 활동을 통해 문화의 가치와 가능성을 체득했다. 2023년 넷플릭스에 공개된 〈노란문: 세기말 시네필 다이어리〉는 1990년대 젊은이들이 영화와 미디어에 얼마나 열정적이었는지를 잘 보여준다. 또 다른 일부는 자신들이 만들어 갈 디지털 사회의 전자공론장(electronic public sphere)이 직접민주주의를 실현할 것이라는 기대를 품었다.

또한 정부도 미래산업으로서 정보와 문화의 경제적 가치가 높아질 것이라는 판단하에 1995년 케이블 텔레비전을 출범시켰다. 이에 대비해 방송채널사업자, 종합유선방송사업자, 방송콘텐츠를 생산하는 독립제작사가 대거 등장했다. 방송채널사업자(PP, Program Provider)는 tvN, E채널, 디스커버리와 같은 케이블 채널을 운영하는 방송사업자를 가리키며, 종합유선방송사업자(SO, System Operator)는 지역 케이블방송 설치와 운영을 담당하는 HCN, SK브로드밴드, LG헬로비전 등을 지칭한다. 이 과정에 역시 수많은 인재가 미디어업계에 진입했다. 신세대의 참신한 아이디어와 문화창달 열정은 텔레비전 프로그램과 영화는 물론 음악산업에 더욱 창의적인 분위기를 만들어 갔다.

과거 '딴따라'라고 낮잡아 불리던 클럽의 DJ와 춤꾼들이 댄스 가수가 되어 TV에 등장했다. 박남정·현진영·강원래·박철우 등의 춤꾼들이 알앤비·힙합·펑크·유로 디스코 등 외국 사운드에 영향을 받은 댄스뮤직으로 관객의 눈을 사로잡았다. 한

편으로는 언더그라운드 음악인들, 특히 동아기획 소속의 뮤지션들(조동진·들국화·김현식·봄여름가을겨울·빛과 소금·푸른하늘 등)이 음반 유통과 콘서트를 통해 발라드·포크·블루스·퓨전재즈·시티팝 등 해외 장르가 반영된 세련된 음악을 내놓았다. 이어 유학생과 교포 출신의 젊은 음악인들이 기회를 찾아 귀국해 새로운 감성과 트렌드를 선보였다. 박정운·강수지·이현우·양준일·솔리드·타이거JK 등이 대표적이다.

이렇듯 1990년대는 소위 '학삐리'와 '날라리'의 이상과 열정이 함께 어우러져 시너지 효과를 만들고 창의성이 폭발한 시대였다. 1990년대의 활기찬 분위기 속에서 가수로, 댄서로, 작곡가로 경력을 시작한 이들이 이후 JYP, YG, 하이브 등 여러 연예기획사를 설립해 한류를 이끌게 된다는 점은 매우 의미심장하다.

창작의 자유가 마련한 영상산업 르네상스

바야흐로 한국의 대중문화가 활기를 되찾았다. 앞서 얘기한 대로 창의적이고 진취적인 새로운 세대의 열정과 도전이 그 동력이 되었고, 권위주의 시대를 종식한 정치 민주화의 사회적 토양도 큰 바탕이 되었다. 정치 민주화는 한국 미디어산업의 발전을 저해했던 검열·심의제도의 완화 혹은 철폐를 이끌어냈다. 창작의 자유는 수준 높은 콘텐츠 생산을 촉진했다. 대중의 반응 역시 역동적으로 변해 이전과 비교할 수 없을 만큼 적극적인 목소리를 내기 시작했다. 새로운 미디어 기술의 확산과 해외여행 자유화에 따라 감식력이 높아진 이들은 더욱 세련된 문화를 주문했다.

1980년 언론·방송 통폐합 후 11년 만에 신설·개국한 민영 지상파방송 SBS가 품질 높은 드라마를 통해 기존의 방송사와 시청률 경쟁을 하겠다고 선언했다. SBS의 가세는 지상파 방송사 간의 격렬한 드라마 전쟁으로 이어졌다. 각 사는 드라마 제작에 막대한 비용과 인력을 투입했으며, 시청률 50%를 웃도는 드라마들이 대거 양산됐다. 〈질투〉(MBC, 1992), 〈사랑이 뭐길래〉(MBC, 1992), 〈여명의 눈동자〉(MBC, 1992), 〈아들과 딸〉(MBC, 1993), 〈모래시계〉(SBS, 1995), 〈첫사랑〉(KBS, 1996) 등이 그것이다. 텔레비전이 지나치게 상업화되었다는 비판이 들끓었지만, 한국 방송은 오락성 높은 다양한 프로그램으로 시청자층을 확대해 나갔다.

1990년대 대중문화의 오락성과 관련해 반드시 짚을 것은 홍콩 영화의 영상 미학적 영향이다. UIP와 같은 미국 영화 직배사의 등장과 함께 경영에 어려움을 겪게 된 국내 영화업자들이 대안을 찾아 공급처 다각화를 모색했다. 유럽 영화에도 눈을 돌렸지만 결국 대안은 홍콩 영화였다. 이미 국내에 커다란 마니아층을 형성한 홍콩 영화 유입이 증가하면서 홍콩 영화 전성시대가 펼쳐졌다. 당시 상영된 〈천장지구〉, 〈아비정전〉, 〈중경삼림〉, 〈타락천사〉 등이 보여준 탐미주의적 감성과 세련된 스타일은 1990년대 한국의 영상미학에 상당한 영향을 미쳤다.

그즈음 수많은 영화와 텔레비전 광고, 뮤직비디오가 왕가위(王家衛, Wong Kar-wai) 감독 특유의 핸드헬드와 스텝 프린팅 촬영 기법(주인공이 정지한 상태에서 주변 인물들이 빠른 속도로 지나쳐 가는 장면을 만들어 냄)을 모방했다. 김의석 감독의 〈홀리데인 인 서울〉(1997), 배우 정우성의 초기작으로 유명한 〈비트〉(1997)는 왕가위 감독 영화의 여러 장면을 표절했으며, 수많은 텔레비전 광고는 흡사 얼마 전 유행한 홍콩 영화의 한 장면을 보는 것 같았다. 거리의 젊은이들은 홍콩 배우들의 패션을 따라 했으며, 〈중경삼림〉에 삽입된 올드 팝송 '캘리포니아 드리밍 California Dreaming'을 부른 그룹 마마스 앤 파파스(The Mamas & the Papas)가 내한해 콘서트를 열 정도로 홍콩 영화의 영향력은 상상을 초월했다.

1990년대는 문화 소비의 시대였다. 수십 년의 경제발전을 통해 가용소득이 늘어난 대중이 민주화를 맞아 자유롭게 여가를 즐기고자 하는 욕망을 드러냈고, 첨단 시설을 갖춘 멀티플렉스 영화관이 그러한 니즈에 대응하는 공간이 되었다. 외국 영화에서나 가능했을 법한 감성과 스케일을 장착하고, 변화하는 시대상과 남북문제 등 한국적 서사를 담은 국내 영화가 마침내 팬층을 넓혀나가며 상업적 성공을 거두었다. 당시에 개봉된 〈접속〉(1997), 〈쉬리〉(1999), 〈박하사탕〉(2000), 〈공동경비

2023년 7월 대한민국 역사박물관에서 진행된 한류 전시회 포스터. 저자는 전시회 도록 필진으로 참여했다.(사진 역사박물관 제공)

구역 JSA〉(2000) 등이 한국 영화의 르네상스를 열며 한류의 기반을 마련했다.

전 세계 최고 수준의 인터넷과 한국 콘텐츠

지금까지 살펴본 바와 같이 한국 문화산업은 1990년대를 거치며 중요한 산업적 변동을 겪었다. 20세기 국제 정치경제의 변화 속에서 생겨난 신자유주의와 세계화의 흐름이 한국에 상륙해 문화산업 담론으로 꽃을 피워 미디어의 산업화와 디지털화를 추동했다. 또한 민주화운동에 이어진 1987년 체제의 결과물로서 미디어업계가 탈규제로 나아갔다.

이 과정에서 표현의 자유가 확대되었으며, 방송사들은 치열한 시청률 경쟁에 몰입했다. 이에 따라 방송이 상업주의와 관련한 비난에 시달리기도 했지만, 시청률 경쟁의 부산물 중 하나는 프로그램의 오락적 품질 향상이었다. 더 자유로워진 환경 속에서 생산자들은 시청자를 확보하는 방법과 노하우를 축적했다. 방송과 음악은 외국 콘텐츠의 표절과 모방의 시기를 거쳐 점차 한국 특유의 생산시스템과 창의적 스타일을 갖춰나갔으며, 영화는 '할리우드를 본받자.'라는 모토 아래 산업의 규모화와 현대화를 이루어 나갔다. 인터넷 서비스 업계는 '근대화는 뒤졌지만 인터넷 혁명에는 앞장서자.'라는 담론과 PC방 열풍에 힘입어 빠르게 성장했다. 결국 2000년대 초반 들어 전 세계 최고 수준의 인터넷 인프라를 구축해 콘텐츠의 제작·유통·소비에 크게 이바지했다.

외국에서 많이들 오해하는 것과 달리 1980~90년대 한국은 오늘날 우리가 목격하고 경험하는 한류를 기획하지도 않았고 기획할 능력도 없었다. 다만 미디어업계는 백척간두의 위기의식으로 산업화에 매진했다. 그 과정에 수익 창출 가능성을 확인한 재벌기업의 투자와 언론·방송 민주화가 제공한 우호적인 환경을 맞아 한국 미디어업계는 상업적·산업적 발전을 이뤄가기 시작했다.

주석

1 파리조약은 베트남전쟁 종결을 위해 베트남 민주 공화국, 베트남 공화국, 미국 사이에 맺은 평화 협정이다.

1990년대
콘텐츠 수출과 한류

　　미디어산업의 변화는 한국뿐 아니라 중국, 대만, 베트남 등 주변국에서도 유사하게 전개됐다. 각국은 미국의 통상압력과 우루과이라운드협상 그리고 WTO(World Trade Organization) 체제에 대응해 영화와 방송시장을 개방했으며 방송사 신설과 더불어 해외 프로그램 수입을 늘렸다.[1] 1980년대까지 방송 프로그램 수출을 생각지도 못했던 한국이 시장개방을 맞아 기지개를 켰다. 특히 1990년대 들어 일본 위성방송(NHK BS1)의 국내 전파 월경(spill-over)과 같은 미디어 세계화의 냉혹한 현실을 목도하며 방송콘텐츠 수출의 중요성을 깨우쳤다.

　　KBS와 MBC는 1991년에 각각 KBS영상사업단과 MBC프로덕션을 설립해 프로그램 수출을 모색했으며, 신생 SBS도 곧 뒤를 따랐다. MBC프로덕션은 1992년에 드라마 〈사랑이 뭐길래〉를 홍콩 케이블방송에, 〈여명의 눈동자〉를 터키에 판매한 것을 시발점으로 본격적인 행보에 나섰다. 1993년에 〈여자의 방〉, 〈아들과 딸〉, 〈질투〉를 중국 하얼빈 TV에, 1994년에는 〈마지막 승부〉, 〈폭풍의 계절〉을 수출했다(김윤지, 2023, 65쪽). MBC프로덕션은 또한 1994년에 중국 CCTV와 〈사랑이 뭐길래〉 수출계약을 맺었다(박재복, 2001, 37쪽).

중화권에서 한국 드라마와 대중음악의 인기가 폭발하다

수출 시대가 열렸으나 한국 드라마에 대한 해외 반응은 미미했다. 그러다가 1997년부터 변화의 조짐이 보였다. 중국의 국영 CCTV 채널 1이 〈사랑이 뭐길래〉를 〈애정시심마 愛情是什么〉라는 타이틀로 1997년 6월 15일부터 12월 14일까지 일요일 오전 9시 10분에 방영했다. 수입 드라마가 2% 내외 시청률을 올리는 것과 달리 평균 시청률 4.2%(최고 시청률 15%)를 기록하며 돌풍을 일으켰다. 당시 〈사랑이 뭐길래〉가 방영되던 시간대에는 거리에 인적이 뜸했다고 할 정도였다(안윤태·공희준, 2012). 재방영을 요청하는 전화와 편지가 쇄도하자 CCTV는 그 이듬해에 채널2를 통해 재방영했다. 이후에는 여러 방송사가 〈사랑이 뭐길래〉를 재방영해, TV를 켜면 몇 개 채널에서 동시에 방영하고 있기도 했다(이은숙, 2002).

또 1997년은 홍콩에 근거한 위성방송인 봉황TV(Phoenix

중화권의 〈사랑이 뭐길래〉 포스터

Television)가 한국 드라마 〈별은 내 가슴에〉(1997)를 〈성몽정연 星夢情緣〉이라는 제목으로 송출해 홍콩·중국·대만에서 좋은 반응을 얻은 해였다. 〈별은 내 가슴에〉도 첫 방송 이후 인기를 얻어 상하이 동방TV와 CCTV 등 중국 전역 20여 개의 방송에서 재방영되며 팬덤을 확장했다(이종환 2000; SBS, 2021b). 이 두 드라마 인기를 기점으로 중화권에서 점차 한국 드라마의 방영이 증가했다.

비슷한 시기, 한국 대중음악도 국경을 넘어 선풍적인 인기몰이에 합류했다. 1990년대까지만 해도 동아시아에는 주변국 대중음악을 불법 리메이크하는 일이 잦았다. 저작권에 대한 개념이 희박하던 시절이라 한국 가수들이 일본 노래를,

중화권 가수들이 일본과 한국 가요를 종종 번안해 발표했다. 1998년에 대만 가수 유키 슈(Yuki Hsu)가 한국 노래를 번안한 곡들로 앨범을 만들어 발표했는데, 그중 클론의 '도시탈출'을 번안한 '묘묘묘 妙妙妙'가 대만 차트에서 12주 연속 1위를 하며 신드롬을 일으켰다. 이 인기를 보고 유키의 음반 제작자가 원곡이 한국 곡이라는 사실을 공개하며 클론(중화권에서 '멋진 용'을 의미하는 酷龍으로 표기)의 대만 1집 앨범을 1998년 8월에 발매함과 동시에 클론을 대만에 초청했다.

미소년들이 귀여운 스타일로 노래하던 당시 대만 가요계에서 클론의 역동적인 스타일은 선풍적인 인기를 얻었다. 클론의 대만 1집 앨범이 30만 장 가까이 팔렸는데, 클론 멤버 강원래에 따르면 외국곡 중 대만 역사상 가장 많이 판매됐던 앨범이라고 한다(SBS, 2021c). 유키 슈의 앨범 제작과 클론의 대만 공연을 기획한 사람은 왕배영이라는 화교(華僑)였는데, 후술하겠지만 동아시아 화교 네트워크는 한류 초기에 중요한 역할을 했다.[2] 당시 클론의 멤버 구준엽은 대만 연예 잡지가 주관한 '가장 섹시한 남자' 선정 팬 투표에서 여러 차례 1위에 꼽힐 정도로 엄청난 인기를 누렸으며, 대만의 인기배우인 서희원과의 열애로 스포츠신문의 가십 면을 장식했다(한예린, 2022).[3]

여기서 잠시, 대만과 홍콩 가수들이 번안해 부른 한국 노래 일부를 소개한다. 1960년대 이래 탕란화(湯蘭花) 등 여러 가수가 불러 중화권에서 잘 알려진 '아재니좌우 我在你左右'는 사실 1953년 장세정이 부른 '샌프란시스코'의 번안곡이다. 참고로 장세정(1921~2003)은 조선 최초의 걸그룹 저고리 시스터즈(1939~1945)의 멤버였으며 1930~50년대 인기가수였다. 유명한 홍콩 배우 알란 탐(Alan Tam)은 조용필의 '단발머리'(1979)를 '화미인 火美人(Fo Mei Yan)'으로 번안해 자신의 앨범 〈애정함정 愛情陷阱〉(1985)에 실었다. 1986년 홍콩 가수 유미군(劉美君 Prudence Liew)은 이선희의 'J에게'를 '오야정 午夜情'으로 번안해 큰 인기를 누렸다. 배우 주윤발이 1990년에 발표한 앨범 〈구정인 舊情人〉에 수록된 '지탄일구 只嘆一句'는 한국 가수 유지연이 작사·작곡한 '사랑과 평화'(1985)의 번안곡이다. 배우 유덕화가 1993년에 발표해 최근까지도 자신의 콘서트에서 애창하는 노래인 '잉창아적가 仍唱我的歌' 역시 박정운이 작사·작곡한 '오늘 같은 밤이면'(1992)의 번안곡이다. 하지만 이 번안곡들이 발표됐을 때 현지 청중은 원곡의 존재를 대부분 알지 못했다. 그런데 흥미롭게도 1990년대 후반부터 시작된 한류와 함께 대만과 홍콩에서의 한국 곡 번안은 더욱 활발해졌다.

아시아 대중문화와 화교 네트워크

이참에 아시아 지역 대중문화 유통구조의 한 측면도 살펴보도록 하자. 수 세기에 걸친 국외 이주를 통해 형성된 화교 집단의 경제·무역 네트워크는 아시아 경제의 한 축을 담당했는데, 이들의 사업 영역과 교역물은 건설·의료품·일용품 등 다양

[표1] 중화권에서 번안된 한국 가요(일부)

	원곡	번안곡
1	장세정, '샌프란시스코'(1962)	탕란화(湯蘭花), '아재니좌우 我在你左右'
2	조용필, '단발머리'(1979)	알란 탐(Alan Tam), '火美人(Fo Mei Yan)'
3	이선희, 'J에게'(1984)	유미군(劉美君 Prudence Liew), '오야정 午夜情'(1986)
4	유지연, '사랑과 평화'(1985)	주윤발, '지탄일구 只嘆一句'(1990)
5	박정운, '오늘 같은 밤이면'(1992)	유덕화, '잉창아적가 仍唱我的歌'(1993)
6	핑클, '루비(淚悲)·슬픈 눈물'(1998)	유키슈(Yuki Hsu), 'I Can't Cry'(1999)
7	이정현, '와'(1999)	새미 청(Sammi Cheng), 'The Exclusive Audition 獨家試唱'(2000)
8	이정현, '바꿔'(1999)	새미 청(Sammi Cheng), 'Colourful Dances 眉飛色舞'(2000)

하다.

대중문화의 경우, 1970년대 이래 대만과 홍콩은 거의 통합된 수준에서 영화·드라마·음악을 제작했다. 1980년대 중국의 개혁·개방 정책으로 거대시장이 탄생했고, 중국·대만·홍콩을 포괄하는 단일한 미디어장(mediascape)이 조성되었다(전보옥, 2004). 대만과 홍콩의 선진적인 콘텐츠 제작 노하우와 중국의 거대시장 및 값싼 노동력이 결합해 수많은 공동제작 영화와 드라마를 생산했다.

공통의 대중문화 권역을 형성한 양안 삼지(兩岸 三地)는 서로 활발한 인적 교류와 정보유통 체계를 이루었다. 이를 배경으로 1980년대~90년대 초에 중국 내에 항류(港流, 홍콩류), 대류(臺流, 대만류), 일류(日流, 일본류)가 발생했다.

아래에서 자세히 다루겠지만 대만의 방송사는 1990년대 중반까지 한국 드라마를 간혹 방영했으나 인기를 얻지 못했다. 그러다가 1997년 말 IMF 경제위기가 변곡점이 되었다. 환율 압박에 고민하던 대만 방송국들이 중국 내에서 펼쳐진 〈사랑이 뭐길래〉의 열풍을 접하곤 가격경쟁력을 갖춘 한국 드라마를 본격적으로 수입하기 시작했다. 한편 1998년에 대만에서 폭발적인 인기를 끈 클론의 소식이 중국에 전해져 클론, NRG, H.O.T. 등 댄스음악이 대만과 홍콩 그리고 중국에서 동시에 인기를 끌었다. 한국 드라마도 연이어 인기를 얻으며 중화권에서 한류가 눈덩이처럼 커갔다. 1997~98년경에 한류가 중국·대만·홍콩에서 거의 동시에 발생한 데에는 이러한 배경이 있는 것이다.

사실 1980년대 이래 외국문화 수입을 점차 확대한 중국은 1990년대 들어 미·일 문화의 선정성에 조금씩 우려를 표하던 터였다. 대신에 중국 정부는 〈사랑이 뭐길래〉가 재현한 보수적 가족주의에 안심했다. 비슷한 시기에 인기를 끈 〈별은 내 가슴에〉는 도회적 세련미를 그렸으나 미·일 드라마에 비해 덜 퇴폐적이었고, 청소년층을 사로잡은 한국 댄스음악은 화려하지만 친근했다.

1998년 베이징에서 한중수교 6주년 기념 축하 공연을 한 보이밴드 NRG, 2000년 2월 1일 베이징 노동자체육관(工人體育

館)에서 단독 콘서트를 열어 12,000석을 가득 채운 H.O.T. 그리고 드라마 〈별은 내 가슴에〉의 스타 안재욱 등이 중화권에서 새로운 유행을 이끌었다. 1992년부터 2000년까지 한국 대중문화와 연예인의 중화권 진출을 소략해 정리하면 다음과 같다(표 2).

2000년 7월 12일 동아일보는 '중국에 부는 한국 열풍'이라는 제목의 기사에서 한국 드라마·노래·음식이 중국 청소년 사이에 인기를 끄는 현상을 보도했다(이종환, 2000).

> 베이징 어디에서나 '행복'(H.O.T.) '많이 많이'(구피) '나나나'(유승준) 등 한국 노래 음반이 쉽게 눈에 띈다. 한국에서는 유행의 뒤안길로 사라진 '꿍따리 샤바라'(클론)도 중국곡으로 번안돼 한창 택시 안에서 흘러나온다. '바꿔'(이정현)는 베이징 가라오케를 석권했다. 한국 드라마도 대인기를 끌고 있다. 〈사랑은 뭐길래〉, 〈'별은 내 가슴에〉 등 철 지난 한국 TV 드라마들이 중국 안방을 연이어 강타했다. 〈내사랑 안녕〉의 안재욱과 〈질투〉의 최진실이 대륙의 스타로 부상했다⋯ 2월 대성황을 이룬 H.O.T.의 베이징공연에서는 H.O.T. 티셔츠가 불티나게 팔렸고, 이내 H.O.T. 상표를 단 화장품도 생겨났다. 젊은이들을 겨냥한 H.O.T. 커피숍도 이때 생겨나 성업 중이다. H.O.T. 음반은 그 사이 10만 장 이상이 팔렸다⋯.

이 기사는 드라마와 가요가 함께 인기를 끌며, 티셔츠·화장품·커피숍 등 연관산업에 영향을 주는 한류의 전개 과정을

[표2] 한국 연예인의 중화권 진출

1992년	8월 24일	대한민국과 중화인민공화국 수교, 중화민국(대만)과 단교.
1992년		한국 드라마 수출 시작.
1994~96년		김완선, 대만에서 3개의 앨범 출시하며 활동.
1997년	6월 15일~12월 14일	〈사랑이 뭐길래〉 중국 CCTV 방영.
	7월	〈별은 내 가슴에〉 홍콩 봉황TV 방영.
1998년	7월 29일~10월 13일	〈사랑이 뭐길래〉 CCTV 재방영.
	5월	H.O.T. 중국 1집 발매(중국 내 최초의 한국 음반).
	8월	클론 대만에서 1집 발매.
	11월 10일	NRG 한·중수교 6주년 기념 중국 공연.
1999년	7월 2일	NRG 후난위성TV '쾌락대본영'(快樂大本營) 출연.
	11월 11~12일	클론 단독 콘서트(베이징 노동자체육관). 한·중수교 후 중국 내 첫 유료콘서트.
2000년	2월 1일	H.O.T. 단독 콘서트(베이징 노동자체육관).
	7월 14,16,19일	NRG 3도시 공연(베이징, 상하이, 하얼빈).
	7월 15일	안재욱 단독 콘서트(베이징 노동자체육관).

잘 보여준다. 당시 중국 신세대 청소년은 한국 스타를 따라 힙합바지를 입고 머리 염색을 했으며, 한국 가수의 사진과 캐릭터가 그려진 상품을 구매했다. 2001년에 영화 〈엽기적인 그녀〉가 극장상영과 불법유통을 통해 엄청난 인기를 끌었을 때는 중국 전역의 대도시 거리 곳곳에 전지현 사진이 눈에 띄었으며, 영화 OST '아이 빌리브'가 자주 들렸다(강수진·박은경 2012).

주석

1 우루과이라운드(Uruguay Round)는 1986년 9월 우루과이의 푼타델에스테(Punta del Este)에서 개최된 관세 및 무역에 관한 일반협정(GATT) 각료회의를 출발점으로 1993년 12월 타결될 때까지 진행된 다자간 무역협상을 가리킨다. 세계 각국의 많은 반발에도 불구하고, 농업과 지적재산권 산업(예를 들어 방송·영화산업)에 대한 국내 보조의 감축과 시장 개방확대 등을 포함한 내용의 새로운 국제무역 질서를 구축했다. 또한 우루과이라운드 합의를 강력하게 이행할 세계무역기구(WTO)의 창설(1995)을 이끌어냈다.
2 엄격히 말해 화교(華僑, Overseas Chinese)는 화인(華人, Chinese Overseas) 및 화예(華裔, Chinese Descendent)와 구분된다. 화교는 중국 국적 또는 대만 국적을 유지하고 해외에 이민자로 거주하는 사람을, 화인은 체류국의 국적을 취득했지만 문화적으로는 중국 또는 대만과 동질성을 유지하는 사람을, 화예는 체류국의 국적을 취득했을 뿐만 아니라 문화적으로도 체류국에 깊이 동화된 사람을 각기 가리킨다. 오랜 이민 역사를 거친 동남아시아 거주 중국인들은 대개 화인이거나 화예다. 일테면 2PM의 닉쿤은 태국 국적과 태국인 정체성을 가진 화예다. 화교 역사가 짧은 한국에서는 중국계 이민자들을 구분 없이 '화교'로 인식하는 경향이 있는 바, 이 책에서는 편의상 화교로 통칭한다.
3 서희원은 2001년에 방송되어 아시아 전역에서 큰 인기를 거둔 드라마 〈유성화원〉(대만판 〈꽃보다 남자〉)에서 여주인공을 맡았다. 서희원은 이혼 후 2022년에 구준엽과 재결합했는데, 구준엽은 대만에서 '국민 형부', '국민 사위'로 불리며 다시 큰 인기를 얻고 있다.

언제부터 한류라 부를 수 있는
현상이 발생했나?

여기서는 한류의 시작을 드라마 〈질투〉가 중국에 수출된 해인 1993년으로 앞당겨야 한다는 주장에 대해 좀 더 자세히 짚어보고자 한다(강준만, 2020). 이 주장의 근거는 2009년 홍익대학교 영상대학원에 제출된 김윤정의 석사 논문이다. 이에 김윤정의 논문을 찾아 읽어보았다. 논문의 주요 내용은 한국 최초의 트렌디 드라마 〈질투〉의 내러티브와 영상미학을 장르적 관점에서 분석하고 그 문화적 의미를 평가하는 것이었다. 흥미롭게도 한류를 한국과 일본 간에 펼쳐진 "아시아 방송시장 패권 경쟁"이라는 관점에서 바라보는 저자는 〈질투〉를 트렌디 드라마의 원형으로 평가받는 〈도쿄 러브스토리〉와 비교하며 〈질투〉가 작품성·시의성·가격 경쟁력 측면에서 국제 상품으로서 가치를 지녔다고 설명했다(김윤정, 2009, 7쪽, 115쪽). 그러면서 한국 최초의 수출 드라마 〈질투〉가 한류의 기원이라고 주장했다(김윤정, 2009, 116쪽).

하지만 〈질투〉는 최초의 수출 드라마가 아니다. 앞에서 적시한 것처럼 MBC프로덕션이 1992년에 〈사랑이 뭐길래〉를 홍콩에, 〈여명의 눈동자〉를 터키에 이미 수출했다(김윤지, 2023). 김윤정은 〈질투〉의 수출 담당자였던 MBC프로덕션 국제사업부장 박재복을 인터뷰해 그 내용을 논문에 실었는데, 정작 박재복은 〈질투〉가 영상미와 음악에 장점이 있어서 수출할 수 있었다고 했을 뿐 〈질투〉가 첫 수출 드라마라고 증언하지 않았다(김윤정, 2009, 125~27쪽).

중화권 드라마 한류 열풍의 시작, 〈사랑이 뭐길래〉

〈질투〉가 첫 수출 드라마도 아니지만, 첫 수출이라는 사실이 한류의 기원이 되는 것도 아니다. 앞에서 설명한 것처럼 한류는 해외에서 펼쳐진, 한국 문화에 대한 유행적 수용과 팬덤 현상이다. 그런데 해당 논문은 〈질투〉가 중국 현지에서 시청자로부터 좋은 반응을 얻고 한국 문화 유행을 이끌었다는 기록을 제시하지 않는다. 한편 논문에서 〈질투〉의 비교 대상이었던 〈도쿄 러브스토리〉는 1992년 대만 지상파TV와 케이블방송에서 6회 이상 방영되는 등 인기를 끌어 일류(日流)를 불러일으켰고, 이를 여러 언론이 대서특필했으며 학술연구의 주제가 되었다. 일례로 일본의 이와부치는 〈도쿄 러브스토리〉가 대만에서 '하르주 哈日族(합일족. 일본 드라마·음악 등을 좋아하고 일본 패션을 따라 하는 사람들)' 현상을 이끈 것에 기반해, 동아시아 대중문화 유통에 관한 중요한 연구서를 출간했다(이와부치, 2004).

안타깝게도 1990년대 초에 한국 대중문화가 중국과 대만에서 인기를 얻었다는 기록은 찾기 어렵다(전보옥, 2004). 반면에 같은 시기에 한국 드라마가 대만에서 인기를 끌지 못했다는 기록이 여럿 있다. 1990년대 후반~2000년대 초반에 동아시아 대중문화를 조사한 김현미는 대만 방송 관계자의 말을 인용해 1997년 이전 대만에서는 한국 드라마가 방영되었다 할지라도 "보는 사람이 없어 다 실패했다."라고 썼다(김현미, 2005, 246쪽). 대만의 한류 연구 전문가인 진경지(2019)는 1994년 8월 대만 방송국 위시중문태(衛視中文台)가 저녁 8시~9시 황금시간대에 한국 드라마 〈마지막 승부〉를 방영했고, 이듬해에 〈모래시계〉와 〈제4공화국〉을 송출했지만 모두 큰 관심을 받지 못했다며 다음과 같이 평가했다.

> 그때까지 한류 열풍은 일지 못했으며 일종의 모색 기간에 있었다(231쪽).

한편 1990년대 한국 드라마 수출 현장의 제일선에 있었던 박재복은 자신의 책 『한류, 글로벌 시대의 문화경쟁력』(2005)에서 한류의 시작을 드라마 〈사랑이 뭐길래〉로 적시하며 그

의미를 다음과 같이 밝혔다.

킬러 콘텐츠 가운데 대표적인 작품으로 우선 중화권을 중심으로 처음 한류 열풍을 촉발시킨 드라마 〈사랑이 뭐길래〉를 들지 않을 수 없다.… 드라마 한 편으로 우리와 오랜 세월 문화 교류가 단절되었던 중국의 시청자들에게 한국의 이미지를 확실히 각인시켜주었을 뿐만 아니라 현지에 한국의 대중문화 붐을 일으키면서 두 나라를 다시 가까운 이웃으로 연결시켜주는 결정적인 계기로 작용했다(23쪽).

〈사랑이 뭐길래〉는 중화권에 한류 열풍을 촉발시키며 한·중 간의 관계 개선과 교류에 이정표 역할을 해낸 작품으로 기록되고 있다(80쪽).

박재복은 다음과 같이 덧붙였다.

방송 콘텐츠 수출에서 킬러 콘텐츠의 역할을 수행해낸 대표적인 작품으로 KBS의 〈가을동화〉, MBC의 〈사랑이 뭐길래〉, 〈별은 내 가슴에〉, 〈이브의 모든 것〉 그리고 SBS의 〈불꽃〉과 〈올인〉 등을 꼽을 수 있다(81쪽).

이번에도 〈질투〉는 언급되지 않는다. 박재복은 필자와의 전화 통화를 통해, CCTV가 1994년 수입계약한 〈사랑이 뭐길래〉를 조선족 출신들이 완성도 높게 번역한 후 1997년에 방영했다고 전했다. 1990년대~2000년대 중국 현지에서 한류를 연구한 이은숙은 당시 중국인들이 가장 많이 시청한 드라마를 거론하며 〈사랑이 뭐길래〉, 〈토마토〉, 〈가을동화〉를 지목했다. 이는 모두 1997년 이후에 방영된 드라마로서, 1997년 이후에야 한국 드라마가 중국에서 인기를 끌기 시작했음을 방증한다(이은숙, 2002, 37쪽). 이렇듯 해외에서 인기를 끈 한국 드라마에 관한 전문가 진술에 〈질투〉에 대한 언급은 찾기 어렵다.

이제 한류 현상이 그 초기에 어떻게 전개되었는지 다시 정리해 보도록 하자.

- 1997년 6월 15일~12월 14일, 〈사랑이 뭐길래〉가 중국 CCTV에서 방영되었다.
- 해당 방영 시간에 거리에 인적이 드물 정도로 〈사랑이 뭐길래〉가 인기를 끌었다.
- 외국 드라마 평균 시청률의 두 배가 넘는 4.2%(편당 최고 시청률 15%)를 기록했다.
- 사람들이 〈사랑이 뭐길래〉에 관한 입소문을 내고, 방송사에 요청해 1998년 이후 여러 차례 재방영했다.
- 1997년 〈별에서 온 그대〉도 홍콩과 중국에서 인기를 얻어 이후 여러 차례 재방영했다.
- 중국 내 〈사랑이 뭐길래〉 인기에 착안해 대만 방송국이 한국 드라마 수입을 확대했다.
- 1998년경부터 대만에서 클론이 인기를 끌자, 홍콩과 중국에서 클론 인

기가 높아졌다.

- 비슷한 시기에 H.O.T.와 NRG 등 보이밴드와 〈별에서 온 그대〉의 주연 배우 안재욱 등이 중국에서 성황리에 콘서트를 열었고, 중화권 전체에서 한류가 확산하며 연관된 소비문화에 영향을 주었다.

다시 말하지만 1997년 〈사랑이 뭐길래〉 인기 이전에도 한국 드라마의 수출이 있었다. 하지만 마치 땅에 떨어져 녹아버리는 눈처럼 현지에서 문화적 파장을 일으키지 못했다. 그런데 〈사랑이 뭐길래〉를 분기점으로, 한국 대중문화를 애호하고 한국 스타에 열광하고 관련 상품을 구매하고 또 다른 한국 문화상품을 즐기는 현상이 눈덩이처럼 불어났다. 이를 '한류 눈덩이' 효과라고 부를 만하다. 눈덩이가 되지 못하고 눈 녹듯 잊힌 드라마들은 아마 현지 한류의 토양이 되었을 수도 있으리라. 즉 이를 한류의 전사(前史)로 다룰 수는 있겠지만, 한류의 기원이라고 강변하기는 어려울 것으로 보인다. 게다가 수출이 곧 한류라는 생각은 한류 현상에 대한 착시를 불러일으킨다. 이에 따라 현지 시청자의 '선택'과 '수용'에 대한 진지한 관심과 탐구 대신에, '수출'과 '공급'이 한류 현상의 충분조건인 것으로 오해하게 된다.

용어로서의 한류

대만 언론이 처음 보도한 단어, 부정적 의미의 '한류'

내친김에 한류 용어의 기원에 관한 갑론을박도 정리해 보도록 하자(이은숙, 2002; 이지한, 2018; 진경지, 2019; 최혜실, 2005; 홍유선·임대근, 2018). 결론부터 말하자면 용어로서의 한류는 대만 언론에 처음 등장했다. 1997년 대만 언론은 자국 경제에 영향을 미치는 한국의 외환위기를 한류(韓流)로 표현했다. 1997년 12월 12일 일간지 〈중국시보 中國時報〉 18판에 보도된 '한류내습 국내산업냉난불일 韓流來襲 國內產業冷暖不一(한류가 내습한다. 국내 산업에 대한 영향이 각각 다르다)'이 그것이다(진경지, 2019; 홍유선·임대근, 2018).

중화권에는 한 단어가 비슷한 음을 지닌 다른 단어의 뜻

혹은 이미지를 갖는 해음(諧音)이라는 언어관습이 있다. 일테면 중국인은 숫자 8을 상당히 좋아한다. 베이징 올림픽 개막식을 2008년 8월 8일 오후 8시 8분 8초에 거행하려고 했을 정도다(하지만 운영의 편의를 위해 8시 정각에 시작함). 2021년 마카오에서 자동차 번호판 경매가 있었는데, 최고가(약 1억 6천만 원)로 낙찰된 번호는 AA8888이었다(박세환, 2021). 숫자 8을 좋아하는 이유는 다음과 같다. 8의 한자 '八' 자(중국에서는 '파'로 발음함)가 부자가 된다는 뜻을 지닌 중국어 파차이('發財', 간체자로는 '发财')의 '發'과 발음이 비슷하기 때문이다.

즉 한류(韓流)는 북쪽에서 남쪽으로 이동하는 한랭 기단인 한류(寒流)의 해음이다. 가장 추운 1월의 평균 기온이 영상 16.6도(타이페이 기준)일 정도로 연중 온화한 기후의 대만에서 한류(寒流)는 농작물에 피해를 주는 자연재해다. 경제 활동의 침체 국면을 경기한류(景氣寒流)로 표현할 정도로, 대만에서 한류(寒流)는 부정적인 뉘앙스를 갖는다. 이런 상황이니, 앞서 언급한 중국시보의 문구는 금융 위기를 맞은 한국경제가 남쪽으로 이동해 대만 경제에 악영향을 주는 상황을 표현한 것이다(진경지, 2019).

그러다가 클론이 큰 인기를 얻은 1998년쯤부터 한류(韓流)가 대중문화를 가리키는 의미로 확장했다. 1998년 12월 17일 자 석간지 〈연합만보 聯合晚報〉가 '청! 한류내료 聽! 韓流來了 (들어라! 한류가 왔다.)'라는 제목의 기사를 실었다. 기사 내용 중

'계합일족후, 국내장흥기일고한류 繼'哈日族'後, 國內將興起一股韓流'라는 문구는 일본 문화를 좋아하는 '하르주(哈日族)' 현상에 뒤이어 대만 내에 한류 바람이 한바탕 불고 있다는 뜻이다. 해당 기사는 대만 내 음악 공연 기획사인 롤링스톤 레코드가 클론이 30만 장 가까운 앨범을 판매한 것에 힘입어 H.O.T., 주주클럽, 디바 등 다른 한국 뮤지션도 대만에 소개할 계획이라고 전했다. 대만에서 클론의 인기는 곧 이은 한국 드라마 인기와 함께 지속했다. 2000년에 실시된 대만 총통 선거 당시 민주진보당 후보 천수이볜(陳水扁) 진영은 힘찬 분위기의 클론 노래를 캠페인 홍보곡으로 활용함으로써 민주주의 개혁 의지를 드러냈다(전성흥, 2006).

청소년과 중년여성이 주도한 대중문화 현상, 한류

1999년 11월 11~12일 베이징 노동자체육관(工人體育館)에서 클론이 한국 뮤지션 최초로 중국 내 첫 유료콘서트를 열었다. 며칠 후인 11월 19일 청년층을 주요 독자층으로 한 신문 〈북경청년보 北京青年報〉가 '한류일사, 이돌현한국문화적영향력 韓流一詞, 以突顯韓國文化的影響力'이라는 기사를 냈다(이지한, 2018). 이는 '한류라는 한마디가 한국 문화의 영향력을 두드러지게 보여준다.'는 뜻으로 중국 청소년들 사이에 한국 대중문화를 좋아하는 유행이 생겨났음을 보도한 것이다.

이후 중국 언론에서 한류 용어가 더 자주 확인된다. 2000

년 1월 27일, 중국의 지식인 신문으로 평가받는 〈광명일보 光明日報〉가 발간하는 종합정보지 〈생활시보 生活时报〉에서 '한류를 마주하고 直面 韩流'라는 제목의 기사를 실었다. 이 기사에는 한국에서 유입된 패션 스타일과 함께 H.O.T. 공연 등 한국 대중문화에 관한 소식이 상세히 소개되었다.

위에서 언급한 2000년 7월 12일 자 동아일보 기사(이종환, 2000)는 중국 내에서 펼쳐지는 한국 문화와 음식의 인기 현상을 '한국풍 韓國風'이라 지칭했다. 그러면서 중국인들은 이 현상을 한류(韓流)라고 부른다고 전했다.

중국 대륙에서 '한국풍'이 선풍을 일으키고 있다. 중국 사람들의 표현처럼 한류(韓流)가 맹류(猛流)를 이루고 있는 것이다.

당시만 해도 한국 언론계에 한류라는 단어가 일반적이지 않았지만, 중국 내에서는 한류가 해당 현상을 표현하는 대표어(代表語)로 자리 잡아가고 있었다는 것을 유추할 수 있다. 이은숙(2002)에 따르면 1990년대 후반~2000년대 초반 중국에서 한국 대중문화 인기를 가리키는 말로 '한풍(韓風),' '한조(韓潮),' '한열(韓熱)'이라는 단어도 쓰였다고 한다. 사실 2023년에도 한자문화권에서는 여전히 '한풍(韓風),' '한국풍(韓國風)'이라는 단어가 유통되고 있다.

한류 용어의 한국 기원설도 있다. 1999년 가을 문화관광부가 한국 가요 홍보용 CD를 중국어 버전 6천 장과 일본어 및 영어판 각 3천 장을 제작해 각국의 방송사, 언론사, 클럽 및 한국 공관에 배포했는데, 이 CD의 중국어 버전 제목이 〈한류-송 프롬 코리아 韩流-Song from Korea〉였다. 이로부터 한류라는 용어가 비롯했다는 주장이다(최혜실, 2005). 이후에 당시 CD 제작자를 만나 인터뷰한 정길화에 따르면, 중국어판 CD의 제목을 지은 사람은 〈성룡의 쿵푸 마스터〉(2011) 등을 연출한 중국 영화감독 팡강량(方剛亮, Fang Gangliang)이다(정길화, 2019). 하지만 한류 용어를 한국이 혹은 팡강량이 창안했다고 해석하는 것은 무리가 있어 보이며, 오히려 중화권 내에서 자연스레 유통되고 있던 '한류' 표현을 팡강량이 따랐던 것으로 유추된다.

강대국 중시하는 한국 언론 생리가 영향 끼쳐

마찬가지로 대만 언론이 용어로서의 한류를 창안했다고 보는 것도 정답은 아니다. 왜냐하면 국명에 '~류'를 붙여 특정 국가로부터의 스타일과 유행을 지칭하는 어법은 아시아 한자 문화권에 오래전부터 존재했기 때문이다. 1980년대 일본에서는 홍콩 문화 유행을 항류(港流)라고 불렀고 2000년대 들어서는 대만 문화 유행을 대류(臺流), 중국 문화 유행을 화류(華流)라 칭했다.

앞에서 언급했듯이 1980~90년대 중국에서 대만 문화와 일본 문화 유행을 각각 대류(臺流)와 일류(日流)라고 일컬었으니, 한국 대중문화의 유행을 한류라고 지칭하는 것은 자연스러운 일이라 할 수 있다. 아마도 '한류'는 한자문화권에서 한국 대중문화의 유행·열풍을 가리키는 용어인 '한풍(韓風)', '한조(韓潮)', '한열(韓熱)', 한국풍(韓國風)' 등과 경쟁하다 대표어로 부상한 것으로 보인다(이은숙, 2002; 전보옥, 2004).

그런데, 한류는 그 발생 초기에 중국에서의 현상으로 한국에 소개되었다. 각 언론은 '중국의 어느 신문 보도에 따르면 ~'식으로 기사를 구성하거나, '베이징 특파원 누구의 보도'라는 식으로 한류 현상을 알렸다. 그러다 보니 한동안 중국 언론이 한류 용어를 처음 사용한 것으로 받아들여졌다. 그러다 2012년 매일경제신문의 한류 프로젝트팀이 발간한 『한류본색』이 중국언론보다 먼저 한류 용어를 사용한 대만 언론의 존재를 밝혔다. 이와 함께 1998년 클론의 대만 인기도 재조명되기 시작했다.

되돌아보면 1990년대 후반과 2000년대 초반에 한국은 중국 시장만을 주시했다. 강대국과 거대시장만 중시하는 한국 언론의 생리가 초기 한류 보도에 영향을 준 것이다. 그런데 위에 거론했듯이 한류 용어는 특정 언론 혹은 특정인이 창안했다고 보기 어렵다. 중요한 것은 한류가 해외 각국에서 어떤 상상과 사고를 자극하고, 또 어떤 의미를 만들고 담아내는가 하는 것이 아닐까.

국가가 한류를 기획했다고?

한류의 규모와 범위가 비약적으로 성장했지만, 외국에서는 잘못된 정보에 근거한 한류 관련 보도가 여전히 많다. 이은정은 독일 언론의 기사 몇 개를 예시로 들어 이를 개탄한 바 있다(2022). 이를테면 다음과 같은 것들이다.

- K-POP이 한국 정부의 집중적인 지원을 받아서 지금과 같은 세계적 인기를 얻을 수 있게 되었다.
- BTS가 한국 국민 총생산의 0.3%를 만들어 내고 있다.
- 한국 정부는 문화 수출에 혈안이 되어 젊은이들을 죽음으로….

이런 시선은 여러 나라에서 확인된다. 미국과 프랑스에서 저널리스트겸 작가로 활동하는 유니 홍(Euny Hong, 2023)은 〈뉴욕타임스 New York Times〉에 기고한 글에서, 자신의 케이팝 관련 책 출판을 거절했던 한 도서 편집자가 싸이의 '강남스타일' 인기는 대한민국 정부가 고용한 만 명의 요원이 '강남스타일' 비디오에 '좋아요'를 눌렀기 때문이라고 주장했던 사례를 전했다. 이러한 영향을 받아서인지 한국 정부가 국가 홍보를 위해 한류 현상을 만들어 냈다고 단정 짓듯 의견을 말하는 외국인 유학생을 수업 중에 여럿 보았다.

정부의 무관심과 탄압이 케이팝 발전을 이끌었다

물론 위와 같은 외국 언론의 보도 중에 어느 정도 사실을 담은 것도 있다. 예를 들어 한국 정부가 케이팝과 한류의 진흥을 위해 노력한다는 주장이 그것이다. 하지만 K-pop의 세계적 성공이 한국 정부의 집중적인 지원 덕분이라거나 국가가 기획하여 한류 현상을 만들어 냈다는 주장은 사실에도 부합하지 않을뿐더러 문화에 대한 몰이해를 담고 있다. 한류 현상이 아시아 일부 지역에 국한되었던 2005~2009년경에도 비슷한 주장이 제기된 적이 있다. 어느 국제 학술대회장에서 중국과 동남아시아 학자들이 한국 정부가 주도면밀하게 기획한 덕분에 한류가 가능했다고 발언하는 것을 직접 목격하면서 좀 어이가 없었던 기억이 생생하다.

물론 국가는 자국의 문화산업 보호와 진흥을 위해 행정적

지원을 한다. 시장자유주의의 대표적 국가인 미국의 경우를 보더라도 이미 1930년대에 국무부와 관련 부처가 할리우드 영화의 국제적 확산을 위해 다양한 수준의 지원을 제공했다. 중년 이상의 독자는 1980년대 이래 미국 무역대표부(U.S. Trade Representative)가 해외시장 개방을 위한 국가 간 협상에서 영화시장 개방을 우선적 의제로 삼았던 것을 기억할 것이다. 많은 국가에서 영화는 민족문화 전승의 보루라는 의미를 지녀, 정책지원의 핵심으로 다뤄지던 시절이었다.

반면 대중가요는 무관심의 영역에 놓여 있거나 때로 탄압의 대상이 되곤 했다. 1975년 박정희 정권이 긴급조치 9호를 발동해 반정부 인사를 잡아 가뒀는데, 이때 수많은 가수가 활동 정지를 당했다. 이 일로 인해 청년문화의 중심에 있던 록과 포크 가수 상당수가 무대를 떠나게 되었고, 그 자리를 점차 발라드 및 댄스 가수들이 채우게 되었다.

지금의 상식으로는 도저히 이해할 수 없는 일이지만 1990년대까지만 해도 장발이거나 삭발의 남성 가수들은 텔레비전에 출연할 수 없었으며, 방송 프로그램에 대한 심의 기능을 지녔던 (구)방송위원회는 가수가 외국어를 남발한다는 이유만으로도 방송 출연 정지 3개월의 징계를 내리곤 했다. 어떤 면에서 보면 정부의 무관심과 탄압 덕에 오늘날 케이팝이 전 세계적으로 성공할 수 있었으니 아이로니컬하지 않는가.

한류 기획설의 오류

1990년대만 해도 문화 수입국의 성격이 강했던 한국은 오늘날 한류와 같은 규모와 성격을 지닌 국제문화 현상을 기획하지도 않았고 기획할 수도 없었다. 물론 기술과 자본, 문화와 인구의 이동이 활발해진 1990년대의 국제적 변화를 지켜보며 한국 내부에서 문화산업의 경제적 가치에 대해 깨우침이 생겼고, 거센 미디어 세계화의 파고를 헤쳐 나가기 위해 국산 영화의 오락적 수준이 향상돼야 한다는 담론이 확산한 바 있다. 이를 배경으로 1990년대 한국 정부가 영화 및 미디어 관련 법령을 정비했다. 다른 나라의 경우처럼 영화 제작에 세금 혜택과 스튜디오 제작지원을 했으며, 콘텐츠 견본 시장과 국제영화제에 참가하는 제작사에 경비를 보조했다.

하지만 이러한 활동은 오늘날 우리가 떠올리는 규모의 한류를 상정하여 이루어진 게 아니라 열악한 수준의 영화 제작 현실에 대한 보조의 의미가 컸다. 또한 1990년대 중후반에 현지의 한국 기업이 베트남 방송사에 콘텐츠를 무상으로 제공했다거나, 문화체육관광부와 한국대사관 혹은 한국문화원이 도쿄나 베이징에서 개최되는 한국 가수의 콘서트를 후원한 일이 있었다. 하지만 그것은 기업의 마케팅과 국가 간 문화교류 증진의 목적으로 행해졌던 것이지, 현지 수용자의 취향을 조종하려는 문화제국주의적 목적 아래 이뤄진 것은 아니다.

오히려 한류라는 국제 현상의 발생을 이해하기 위해서는

1990년대 이래 이루어진 대내외적 정치·경제·기술적 조건의 변화를 고루 살펴야 한다. 특히 아시아 각국의 미디어 시장개방, 21세기 들어 보편화한 인터넷과 디지털 미디어, OTT의 연결성이 한류를 급성장시켰다.

하지만 한국 콘텐츠의 높아진 접근성 내지는 유통의 증가가 대중적 인기로 바로 이어지는 것은 아니다. 접근성과 인기가 조응하려면 외국의 수용자가 한국 콘텐츠를 심미적으로 체험하고 즐겨야 한다. 그런데 수용자의 기호와 취향은 변덕스러울 정도로 가변적이다. 즉 대중문화는 불가측성과 불확실성이 지배하는 영역이다. 그렇기에 한국 정부가 한류 현상을 기획한다거나 외국 수용자의 기호와 취향을 멀리서 조종한다는 주장은 심각한 인식의 오류를 담고 있다. 그런데도 이런 식의 주장이 계속해서 나온다면 왜 그리고 어떤 경로를 통해 확대·재생산되는지 짚어볼 필요가 있다.

첫 번째로 짚어볼 대목은 많은 국가의 여론주도층이 아직 한국에 대해 큰 관심이 없다는 점이다. 외국의 대학 도서관을 둘러보면 알 수 있다. 대개의 연구 중심대학 도서관이 일본과 중국에 관해 방대한 양의 도서를 갖추었지만, 한국에 관한 도서는 부실한 수준이다. 이런 상황에서 해당국 언론은 한국이 정치적으로 낙후한 상태라는 오해와 편견 속에서 한국에 관한 기사를 작성한다.

이들은 정부가 제작한 한국 관광 홍보물에 케이팝 가수들이 출연하고, 대통령의 공식 행사에 아이돌이 동행한 사실을 들어 자신들의 편견을 강화한다. 하지만 국가적 이벤트에 해당국의 유명 연예인이 홍보대사로 활동하는 것은 흔한 일이다. 일본의 경우 아이돌 그룹 아라시가 2020년 '일중 문화·스포츠 교류 추진의 해 친선대사'로 임명된 바 있다. 2012년 런던올림픽의 개막행사에서는 70세의 고령인 비틀스의 전설 폴 매카트니(Paul McCartney)가 특별공연을 했다. 또 폐막행사에는 조지 마이클(George Michael), 스파이스 걸스(Spice Girls), 더 후(The Who), 에드 시런(Ed Sheeran) 등 영국을 대표하는 가수들이 대거 등장해 무대에 올랐다.

2021년 가을 필리핀국립대학교가 줌으로 개최한 한류 세미나에 참여했을 때였다. 한 필리핀 교수가 "한국은 1980년에 정부가 방송국을 통폐합했을 정도로 대중문화 생산과 유통의 전 단계를 통제하고 있다."라고 발언해 깜짝 놀란 적이 있다. 이에 필자가 "1980년의 한국과 현재의 한국은 매우 다르다. 현재의 한국은 모 국제기관이 평가하는 국가별 민주주의 순위에서 전 세계 10위권에 있다."라고 답변한 기억이 난다. 이렇듯 한국에 관한 해외 인식과 지식은 과거의 그것에 머물러 있다. 게다가 세계 곳곳에는 정부가 미디어를 통제하고 있는 국가가 여전히 많다. 이들 국가에서는 자국의 상황을 투영해 한류를 바라보는 학자와 언론인들이 꽤 있다.[1]

두 번째로 그간 한국 정부가 수행한 한류 홍보 작업에 대한 검토가 필요하다. 1990년대 말부터 중화권의 한류 현상에 관한 언론 보도가 있었지만, 2000년대까지도 일반인뿐 아니라 문화부 직원들조차 한류의 실체에 대해 의구심을 표하곤 했다. 2003년에 취임해 16개월간 문화관광부 장관을 역임한 이창동도 당시 해외의 한류 현상에 대해 "긴가민가했다."라고 한다(한국국제문화교류진흥원, 2018, 27쪽). 점차 아시아 내 한류 현상을 확인한 정부는 남북한 대치국면과 노사분규로 채색된 한국의 '어두운' 대외 이미지의 한류로 개선할 수 있으리라 판단했다. 마침 IMF 구제금융 조치를 벗어난 당시 김대중 정부는 대외홍보에 적극적이었다. 이후 정부는 한류도 정부의 문화산업 육성 노력의 결과물이라는 식의 프레임으로 홍보활동에 나섰다. 이러한 내용을 담은 홍보 문건이 각국 대사관과 정부 산하단체를 통해 외국의 언론 및 정부 기관에 배포되어 그들의 한류 인식에 상당한 영향을 미쳤다.

사실 정부 각 기관과 지방자치단체가 경쟁적으로 입안·발표한 한류 관련 정책과 계획 중 어떤 것은 실행되었으나 또 어떤 것은 변죽만 울리다가 흐지부지되었다. 그런데 시행 여부를 떠나 관련 정책이 언론을 통해 발표되면, 사람들은 정부가 한류를 위해 많은 것을 하고 있으며 한류 현상이 정부 노력의 결과물인 것으로 생각하기에 십상이다.

2023년 가을, 정부는 영화진흥위원회의 독립·예술 영화 지원사업과 국내 여러 영화제 예산을 축소하고자 해 영화계의 반발을 사고 있다. 반면에 11월 14일에 문화체육관광부는 과거의 경제개발 5개년 계획의 모양새를 띤 '영상산업 도약 전략'을 발표했는데, 1조 원 규모의 펀드를 조성해 5년 이내에 에미상과 아카데미상을 수상할 작품 5편을 생산할 것이라는 목표를 제시하고 있어 문화계의 실소를 자아내고 있다. 그런데 한국에 관한 지식이 미미한 각국 언론은 이와 같은 보도를 접하며 한국 정부가 한류를 주도한다고 기사를 작성한다. 게다가 자국의 이러한 보도에 영향을 받는 해당국의 학자와 여론주도층은 한류에 대한 한국 정부의 영향력을 과대평가하게 된다.

역효과를 낳는 홍보 vs 세련된 국제 감수성

그런데 이러한 정부의 홍보 공세는 역효과를 낳기도 한다. 많은 나라에서 한류를 한국식 문화제국주의의 기획물로 해석했으며, 이는 반한류 및 혐한류의 빌미가 되었다. 이에 우려를 느낀 JYP엔터테인먼트의 박진영은 민족주의적 색채가 짙은 '한류'란 단어를 사용하지 말자고 발언하기도 했다. SM엔터테인먼트의 이수만도 정부 주도 한류 행사를 자제할 것을 당부했다. 2010년 7월 이수만은 한류 확산에 대한 공로로 당시 정병국 문화체육부 장관으로부터 감사패를 받는 자리에서 "정부 주도 한류 행사보다는 민간 주도의 한류 확산이 바람직하다."라는 의견을 피력했다(곽민영, 2011). 그는 또 "국가에서 한류 확산을 위해 열심히 일하고 있는 것은 알지만 정부와 기관들이 한류 콘서트를 남발하면 안 된다. 잘못하면 외국인들에게 좋지 않은 인상만 심어줄 수 있다."라고 덧붙였다.

마지막으로 언급하고자 하는 대목은 일부 국내 학자와 저술가들의 책임이다. 그동안 다양한 전공 배경을 가진 학자들이 한류와 관련한 논문과 글을 발표하였는데, 때때로 정부의 홍보물과 보고서 내용을 무비판적으로 인용하는 사례가 있었다. 정부 간행 보고서와 관제 자료에 대한 의존도가 높아지면 한류 현상을 위로부터의(top-down)의 관점으로 분석하게 되고 현지에서의 '수용'과 '유행'을 덜 중시하게 된다. 결국 이런 방식의 논문과 글은 한류를 관제 현상으로 오해하는 외국의 시각을 강화하는 결과를 초래하게 마련이다.

최근에는 다양한 연구방법론을 활용해 한류가 발생한 현지의 미디어 유통구조를 검토하고 수용 실천을 분석하는 연구가 많아지고 있다. 글로벌과 영향을 주고받아 형성된 한류가 또 다른 로컬과 상호작용해 새로운 의미를 만들어 낸다. 한국 대중문화가 지구 위의 다양한 로컬에서 어떤 방식으로 수용되고 해당 지역의 맥락과 어떻게 만나 어떤 의미를 생산하는지 좀 더 관심을 가질 필요가 있다. 세계 각지에서 전개되는 한류를 보며 어떤 이는 '국뽕'에 빠지겠지만, 또 다른 이는 보다 세련된 국제적 감수성을 키울 것이다.

주석

1 한국에서도 1980년대까지 정부가 연예인을 강제동원하곤 했으나, 1990년대 이후 그러한 문제가 사실상 사라졌다. 하지만 지난 2023년 8월 세계스카우트잼버리 대회 운영 미숙에 따라 국내외 비난에 직면한 정부가 케이팝 콘서트를 폐막행사로 급조해 가수들을 동원한 일이 있었다. 이 사건은 퇴행적일 뿐만 아니라 한류에 대한 외국의 편견을 강화할 소지가 있어 안타깝다.

6장 '타자'를 '이웃'으로 이끄는 한류

글로벌 문화산업과
한류의 진화

　책을 마무리할 때다. 이 책은 한류를 경제적인 관점에서만 보거나 한류의 긍정적인 측면만 부각하는 것을 피하고, 한류가 해외 팬들이 만들어 낸 대중문화라는 관점에서 문화변동의 여러 국면을 관찰·서술하고 그 의미를 설명하고자 했다. 그럼에도 불구하고 필자가 한국인이라는 사실은 이 책의 시선을 제한하고, 민족주의의 그늘에서 완전히 벗어나지 못하게 했으리라 여겨진다.

　한류는 세계사적인 관점에서 주목할 만한 사건이다. 한류가 위대한 사건이라는 뜻이 아니다. 대중문화의 생산·유통·소비에 영향을 미친 국제 정치경제의 역사적 변화와 미디어 기술의 역할 그리고 국경을 초월한 팬덤의 행위성(agency)에 대한 이해를 통해 한류의 성격을 더 잘 파악할 수 있다는 의미다. 긴 독서 여정의 마지막 장인 만큼 한류에 관한 생각과 논의를 한 번 더 정리하도록 하겠다. 그러다 보니 앞장에서 거론한 내용이 중복해 등장하고, 마지막 장답지 않게 새로운 사실을 담기도 하는 등 번잡한 글이 되고 말았다. 깊은 양해를 구한다.

글로벌 문화변동과 한류

책 전체에 걸쳐 논의한 한류의 특징과 성격을 다음 다섯 가지로 정리할 수 있다. 1) 한류의 복합 요인성 2) 문화현상으로서의 한류 3) 한류의 위치성 4) 한류의 관계성 5) 한류의 혼종성이다. 자세히 살펴보자. 첫째, 누구도 예상하지 못했던 현상인 한류는 매우 복잡하고 다양한 요소가 얽혀 발생한 현상이다. 한류는 이수만과 같은 기획자의 야망, 연예계에서 성공하려는 젊은이들의 땀과 눈물, 문화 간 소통에 능한 문화 매개자들의 역할, 한국 문화 텍스트로부터 공감과 즐거움을 느끼는 해외 팬들의 기호학적 생산성 등 여러 요인이 결부된 나비효과의 결과물이다.

대중문화가 미디어 기술에 의해 생산되고 국내외 시장을 거쳐 유통되고 소비되는 현실을 고려한다면, 한류는 국제 자본주의의 변화, 시장개방, 정부와 기업의 지원, 미디어와 수용자 간 관계, 정치적 민주화가 부여한 우호적 대중문화 환경 등 여러 맥락을 살피지 않으면 이해하기 어렵다.

게다가 한류의 성장 과정에서 한국 문화상품은 미국의 기술과 산업이 주도해 만든 인터넷, 소셜미디어, OTT를 활용해 새로운 단계로 발전했다. 더욱이 넷플릭스 오리지널 드라마 〈오징어 게임〉이 영화, 드라마, 케이팝을 망라해 지난 20여 년 모든 한류 타이틀 중 가장 성공한 콘텐츠라는 점은 시사하는 바가 크다. 왜냐하면 〈오징어 게임〉의 전 지구적 인기는 한류의 부상과 미국 문화 헤게모니의 탈중심화를 의미하기도 하지만, 다른 한편으로는 미국의 여전한 글로벌 문화·정보 지배력을 상징하기 때문이다.

최근의 글로벌 문화 흐름을 조금 더 자세히 살펴보면 여러 국적의 대중문화가 전 세계 수용자들의 주목을 얻기 위해 활발히 경합하고 있음을 알 수 있다. 2장에서 언급한 루미네이트(Luminate)의 『2023 상반기 보고서』는 글로벌 음악 시장과 미국 시장 내 영어 콘텐츠의 스트리밍 점유율 하락과 한국어·힌두어·스페인어 등 비영어 콘텐츠의 성장을 지적했다. 넷플릭스와 여러 OTT를 통해 터키·인도·멕시코의 드라마와 영화를 보는 이들이 전 세계적으로 늘어나고 있다. 아시아만 해도 중국과 대만이 생산하는 로맨스 드라마와 태국의 BL(Boys' Love) 영상물이 OTT와 소셜미디어를 통해 수용자층을 확대하고 있다. 동남아시아에서는 제프 사투르(Jeff Satur)가 이끄는 태국 아이돌 팝이 한류에 버금가는 유행을 만들어 낼 것이라는 전망이 제기되고 있다(Chang, 2023).

일본의 문화생산력도 여전히 왕성하다. 2023년 상반기에 일본 영화 〈더 퍼스트 슬램덩크〉와 〈스즈메의 문단속〉이 선풍적인 인기를 끌었는데, 같은 해 11월까지 누적 관객 수가 각각 477만 명과 557만 명을 웃돌았다. 애니메이션 인기는 원작 만화의 판매에도 영향을 미쳐, 영화 개봉 후 〈슬램덩크〉 만화책이 250만 부 이상 팔렸다고 한다(오명언·김경윤, 2023). 한국콘텐츠진흥원이 발간한 『2023 애니메이션 이용자 실태조사』에 따르면 OTT, VOD, TV 채널을 통해 시청한 인기 애니메이션 10개 중 8개가 일본 애니메이션이다(한국콘텐츠진흥원, 2023, 43쪽).

최근 젊은 세대를 중심으로 J-pop도 인기를 끌고 있다. 2022년 'NIGHT DANCER'로 멜론차트 17위를 기록한 일본 가수 이마세(imase)는 꾸준히 국내 팬덤을 키워 2023년 4월에 내한 공연을 했다. 'NIGHT DANCER'를 활용한 댄스 챌린지가 인기를 끌자, 스트레이키즈·아이브·다나카상 등이 이에 참여해 SNS에 숏폼을 올리기도 했다. 2023년 12월에 고려대학교 화정체육관에서 공연한 2인조 밴드 요아소비(YOASOBI)의 경우 예매 시작 1분 만에 전석 매진을 기록했다. 주최측은 이에 예정에 없던 추가공연을 내놓았는데 이마저 1분 만에 매진됐다(김수진, 2023).

블랙홀처럼 각국의 문화 인프라를 빨아들이고 있으며 전 세계에 산재한 화교라는 잠재적 소비자를 보유한 중국의 급성장도 간과할 수 없다. 중국 문화산업은 분명 아시아 대중문화의 부흥에 일조하겠지만, 그 잠재적 영향력으로 볼 때 한류의 미래를 더 신중하게 고민하도록 이끈다. 게다가 최근 수년간 중국 내 한류 열기가 급격히 식었다. 결국 한류가 전 지구화할수록 한국의 문화산업 역량을 검토하거나 혹은 그에 만족하는 것에 그치지 말고 글로벌 미디어 시스템과 문화변동을 주의 깊게 살펴볼 이유가 여기에 있다.

초문화·초세대·초지역적으로 확장하는 한류

둘째, 한류 현상은 해외에서 벌어진, 한국 문화상품을 좋아하는 유행이자 현지의 대중문화 현상이다. 오늘날 대중은 문화·미디어산업이 생산·유통해 시장에 내놓은 문화상품(드라마·가요·영화 등)을 구매해 즐거움을 느끼고 의미를 생산한다.

미디어 세계화의 흐름 속에서 1990년대 초부터 한국 문화상품을 받아들인 동아시아 수용자가 1990년대 후반부터 비로소 한류 현상이라 칭할 만한 폭발적 반응을 보였다. 특히 중년여성은 한국 드라마를, 십대 청소년은 한국 댄스음악을 좋아해 그로부터 의미를 찾고 자신들의 대중문화로 수용했다. 열성적인 팬들은 방송사에 한국 드라마 재방영을 요청하는 전화를 걸고, 스타의 헤어 스타일을 따라 하고, 자신의 팬덤 경험을 적극적으로 표현했다.

성별·연령·권력 관계의 측면에서 사회적 약자(중년여성과 청소년층)가 만들어 내는 팬덤 현상이 사회현상이라고 규정할 정도의 규모와 의미가 있다고 평가한 현지 언론은 이를 보도하고 한류로 지칭해 논평했다. 그런데 보수적 문화권력은 이들의 취향적 선택을 폄하했다. 중국과 대만의 성인들은 청소년층의 한류 팬덤을 일탈 행위로 규정했으며(이은숙, 2002), 일본의 보수적 기득권층은 중년여성의 한국 드라마 팬덤을 비정상적인 행동이라 몰아붙였다(Mori, 2008).

한류가 사회 내 하위문화의 특징을 보이며 시작한다는 점은 아시아 밖에서도 확인된다. 유럽과 아메리카에서 한류 팬덤은 인구·사회학적으로 비주류인 이민자·유색인종·여성·십대 청소년으로부터 시작됐다.

점차 한국 문화상품이 비평적 찬사를 받고 국제적으로 권위 있는 영화제와 시상식에서 수상하며 공인을 받게 되자 보수적 문화권력의 비난은 다소 줄어들고 대신에 한국 문화산업의 우수성을 칭찬하는 담론이 조금씩 늘어나고 있다. 현재 한류는 대중문화에서 시작해 한국학과 전통문화 등 한국 문화의 다양한 영역으로 확장하고 있으며, 초세대·초지역적으로 진화하고 있다.

한류가 해외에서 한국 문화상품을 좋아하는 유행이자 현지의 대중문화 현상이라면, K-컬처, K-콘텐츠, K-스타일 등은 한류라는 현상의 애호 대상이다. K-팝에서 비롯된 'K-'접두사는 '한국을 대표하는', '국제 무대에서 인정받는', 그래서 '뛰어난 품질을 지닌' 등의 의미를 지녀 K-푸드, K-방산, K-문학 등 여러 신조어를 만들어 냈다. 하지만 K-신조어의 남발은 국내적으로 한류 담론에 대한 피로감과 혐오를 낳았으며, 대외적으로는 해당 단어의 의미를 단순화해 한국에 관한 표피적이고 획일적인 이미지를 생산한다. 이에 관해서는 다른 책에서 보다 자세히 논의할 계획이다.

최근 외국인의 한국어 학습 열기는 주목할 만하다. 전 세계 곳곳에서 사설 한국어학원과 세종학당의 한국어 수강생이 대폭 증가하고 있다. 이들은 자막 없이 한국 드라마를 보고, 케이팝 가사를 제대로 외우기 위해 한국어를 배운다고 말한다(조은아, 2023). 영국에서 발행되는 경제·시사 주간지 〈이코노미스트 The Economist〉는 2023년 8월 24일 자 발행호에서 2016~2020년의 기간 중 미국 대학의 외국어 강좌 등록생 수가 전반적으로 하락했지만 유독 한국어 강좌만 25% 증가한 사실을 보도하며, 이를 대중문화에 기반한 한국의 소프트파워 덕분이라고 해석했다(Economist, 2023). 그 결과, 2000년대 초반만 해도 존폐 위기에 놓였던 외국 대학의 한국학 관련 강좌가 수강생으로 넘쳐나고 있다. 미국 조지타운대학교(Georgetown University)에서 한국학과 국제정치학을 가르치는 빅터 차(Victor Cha)는 다음과 같이 말한다.

20년 전 처음 한국학 강의를 시작했을 때 수강생은 재미교포 2세 등 대여섯 명에 불과했다. 하지만 지난 학기 수강생이 50여 명까지 늘었는데 아시아계 학생은 거의 없었다.

그러면서 덧붙이기를, 학생들에게 한국학을 수강하는 이유를 묻자 서너 명을 제외하고 모두 케이팝 때문이라고 답했다고 한다(강경석, 2023).

국제문화 흐름의 징검다리 효과

셋째, "한류가 해외를 정복했다."라는 식의 자극적인 언론 문구와 달리 케이팝과 한국 드라마는 외국 수용자가 선택하는 수많은 문화 메뉴 중 하나다. 2장에서 언급한 것처럼 한국의 수용자가 문화 다식가가 되어가듯, 외국의 수용자도 다양한 문화상품을 즐긴다.

지난 2023년 8월 태국 방콕을 방문했을 때 일이다. 호텔에서 TV를 켜니 걸그룹 아이들의 불닭볶음면 댄스 챌린지 광고와 후지산을 배경으로 한 일본 화장품 광고가 연이어 나온다. 우리는 '설빙'과 '탐앤탐스'가 해외에 진출하고, 외국의 슈퍼마켓에서 김치, 라면, 소주를 쉽게 구할 수 있다는 뉴스에 매몰된다. 하지만 방콕의 슈퍼마켓을 둘러보니 현지 상품은 말할 것도 없고 일본·미국·중국 상품이 여전히 인기 있었다. 동남아 다른 나라에 가도 마찬가지다.

한류가 흐르고 있지만, 미국·중국·일본 문화와 그 외 다른 나라 문화도 여전히 매혹의 대상이다. 위 〈이코노미스트 The

Economist〉 기사에 따르면 2020년 미국 대학 전체의 한국어 강좌 등록생 수가 11,000명인데 비해 일본어 강좌 수강생 수는 43,000명이다(Economist, 2023). 한류를 '수출'로만 바라본다면 한류 현상을 제대로 파악할 수 없으며, 이는 궁극적으로 '한류 진흥'에도 도움이 되지 않는다.

 넷째, 현지에 먼저 진입한, 유사한 성격의 타국 문화가 한류 형성의 징검다리 역할을 했다. IMF 경제위기 당시에 대만에서 한국 드라마 수요가 늘었던 데에는 한국 드라마의 오락적 품질과 가격 경쟁력뿐 아니라 일본 드라마와의 콘텐츠 유사성이 영향을 미쳤다. 일본 드라마를 시청하던 대만과 홍콩인들이 볼 때 일본 드라마와 한국 드라마 간 내용과 오락 효과가 비슷하다면 굳이 일본 드라마만을 고집할 필요가 없게 된 것이다. 그러나 이를 '한·일전 승리' 식으로 바라보면 큰 착각이다. 유럽과 중남미에서도 많은 팬이 일본 만화와 애니메이션을 거쳐 케이팝 팬덤으로 들어왔지만, 여전히 한·일 문화 모두를 애호한다는 점의 함의를 잘 살펴야 한다.

 한국 드라마가 동북아시아를 넘어 동남아시아까지 진출한 데에는 대만 드라마의 인기도 한몫 거들었다. 2000년대 초반, 대만 드라마 〈유성화원 流星花園〉은 중국뿐 아니라 동남아시아에서 선풍적인 인기를 끌었다. 당시 필리핀과 인도네시아의 여성 팬들은 〈유성화원〉을 보면서 동북아시아 남성의 외모에 매료되었고 이후 한국 드라마에도 심취할 수 있었다고 고백했다. 수용자는 자신이 애호하는 문화상품과 유사한 새 상품이 시장에 등장하면 실험을 통해 추가적 수용 여부를 판단한다. 문화상품의 국제 시장에서 후발주자였던 한국 문화상품은 선발주자를 대신하며 시장에 안착했다. 이렇듯 해외에서 펼쳐지는 한류 분석을 위해서는 국제 문화유통에 작용하는 '징검다리 효과'에 주목해야 한다.

다섯째, 한국 문화상품은 외국문화와의 오랜 교섭을 바탕으로 국내 시장의 치열한 경쟁을 거쳐 오락적 품질의 향상을 실현했다. 바로 그런 성격의 한국 대중문화가 해외의 여러 상황 및 조건과 성공적으로 결합해 한류가 발생했다.

한류의 흐름을 타고 한국 대중문화는 아시아를 포함한 여러 지역에서 콘텐츠 제작과 모방의 모델이 되고 있다. 태국과 대만의 방송은 한국 텔레비전 프로그램과 유사한 콘텐츠를 제작하고 있으며, 최근 한국에서 인기를 끌고 있는 연예 리얼 프로그램 중 〈환승연애〉는 일본에서 〈러브 트랜짓 ラブ トランジット〉으로 리메이크되었다. 2023년 6월 15일부터 아마존 프라임을 통해 방영되는 일본판 〈환승연애〉는 7월 14일 아마존 프라임 비디오 재팬 TV쇼 부문 8위라는 높은 시청률을 기록했다 (박민주, 2023).

최근에는 케이팝 제작 방식이 미국으로, 일본으로, 필리핀 등 여러 나라로 전이돼 '글로벌 케이팝' 혹은 '하이브리드 케이팝'을 만들어 내고 있다. 2022~23년 JYP엔터테인먼트는 유니버설 뮤직그룹(UMG) 산하 레이블인 리퍼블릭 레코드 (Republic Records)와 공동기획한 오디션을 통해 미국 현지에서 데뷔할 '글로벌 케이팝 걸그룹'을 만드는 작업을 진행했다. 결국 2023년 9월 미국인 4명, 한·미 이중국적자 1명, 캐나다인 1명으로 구성된 VCHA(비춰)를 공개했으며, 한국식 트레이닝을 통해 데뷔시킬 계획이다(어환희, 2023). JYP는 2020년에 일본 소니 뮤직 재팬과 공동기획해 걸그룹 니쥬를 만든 바 있다. 니쥬의 트레이닝, 프로듀싱, 앨범 작업 등 모든 준비 활동은 한국에서 이뤄졌다.

하이브(HYBE)도 역시 유니버설 뮤직그룹의 산하 레이블인 게펜 레코드(Geffen Records)와 합작해 미국 현지의 케이팝 걸그룹 캣츠아이(KATSEYE)를 2023년 11월에 만들었다. 하이브는 12만 명의 오디션 참가자 중 최종 단계에 오른 20명의 오디션 과정을 찍은 〈더 데뷔: 드림아카데미〉를 2023년 플랫폼 위버스(Weverse)와 유튜브를 통해 소개했다. 넷플릭스는 캣츠아이의 성장사를 다룬 추가 다큐멘터리를 2024년에 공개할 예정이다. SM은 영국과 유럽시장을 타깃으로 해 신인 보이그룹을 기획하고 있다. 영국의 엔터기업 M&B와 합작하는 이 보이그룹의 제작 과정은 2023년 하반기에 6부작 TV시리즈로 전 세계에 방영될 예정이다(김지원, 2023).

필리핀에는 피팝(P-pop)의 선구자로 불리는 보이그룹 SB19이 활발히 활동하는데, 한국 연예기획사 쇼비티가 이를 기획·제작했다. 페루에서는 케이팝에 영향받은 큐팝(Q-pop)이 등장했다. 그 대표가수 레닌 타마요(Lenin Tamayo)는 잉카 문명의 여러 신화를 케이팝 스타일의 리듬에 실어 원주민 언어인 케추아(Quechua)어로 부름으로써 틱톡의 인기스타가 되었다. 현지에서는 소멸 위기에 처한 소수문화의 보존에 케이팝이 일조한다는 평가가 있다(Yeung, 2023). 의도하지 않았으나 케이팝이 여러 문화의 참조 대상이자 영감의 원천으로 기능하고 있다.

인류학자 한네르츠(Ulf Hannerz)는 혼종화가 20세기에만 발생한 것이 아니며 인류 역사 자체가 혼종화 과정이라고 주장한다. 그런 면에서 혼종에 대해 부정적인 시각을 가질 필요가 없다. 예를 들어 설날과 단오는 중국에서 시작했지만, 한반도에 와서 전혀 다른 풍습과 전통을 지닌 명절로 발전해 우리의 삶과 함께하지 않는가. 대표적 한국 음식인 설렁탕, 호떡, 순대, 소주, 아가씨, 아기, 벼슬아치와 같은 단어는 고려말 몽골에서 유입된 것이라 한다. 중요한 점은 형식과 장르, 스타일의 원조가 어디인가 여부가 아니라 그러한 형식에 우리의 경험과 감정, 정서를 잘 담아내 삶을 풍요롭게 하는 것이다. 그 오랜 과정을 거쳐 한류 현상이 생겨났다. 식민주의, 전쟁, 독재, 민주화와 산업화 등 우리의 역사적 경험이 녹아든 콘텐츠가 인류의 보편적 정서와 맞닿아 발생한 것이 한류다.

문화는 자신과 타인을 행복하게 만든다

한류는 여러 파급효과를 갖는다. 그중 하나는 한류라는 흐름에 얹혀 되돌아오는 의식과 태도다. 타국에서 한국 대중문화를 받아들였듯이, 우리 역시 열린 마음으로 다양한 문화적 표현을 즐기고 다른 문화로부터 영감을 받으려는 개방적인 자세를 가질 필요가 있다. 한류 현상은 "문화의 힘은 우리 자신을 행복하게 하고 나아가 남에게 행복을 준다."라는 김구 선생의 말을 떠올리게 한다.

'열린' 한류와
대안적 유토피아

위에서 언급했듯, 고급문화 혹은 공식문화와 달리 대중문화는 주로 사회·문화적 약자에게 즐거움을 주고 의미를 제공한다. 오랫동안 한국에서 보수적 문화권력은 중년여성을 주요 수용자로 둔 드라마를 싸구려·저질 문화라 폄훼했다. 대중음악도 마찬가지다. 음악인은 딴따라로 불렸으며, 10대 팬은 비이성적인 문제아로 취급되었다. 한류 현상의 실재에 대한 불신도 많았다. 국내의 많은 독자는 "신뢰성이 떨어진 한국 언론의 보도를 믿을 수 없다."라며 한류 현상을 불신했다(조한혜정, 2003). 그런 한국 드라마와 음악이 시장개방과 디지털 혁명에 힘입어, 오늘날 한국의 소프트파워를 드높이는 대들보 역할을 하고 있다.

한류 발생 초기에 일본의 문화권력도 자국의 한류 팬을 '오바리언'이라는 단어로 폄하했다. 미국 내에서도 백인 주류 사회보다 흑인과 히스패닉 인구가 먼저 한류에 손을 내밀었다. 여러 나라에서도 한류 현상을 무조건 환영하지 않았다. "유사한 플롯에 의존한다.", "내용이 진부하다.", "지나치게 감상적이다." 등으로 평하며 한국 드라마를 비판하고 조롱했다. 대만과 중국 언론이 '차가운 해류'란 의미의 한류(寒流)에 빗대어 한류(韓流)라 지칭한 것에는 한류(韓流)가 한류(寒流)처럼 일시적인 현상으로 그치고 사라져야 한다는 기대가 담겨 있었다. 즉 자국 내에서 벌어지는 외국 문화의 유행을 통제하고 싶은 욕망이 이 조어(造語) 안에 있다. 2000년대 초반 필자가 만난 아시아의 학자와 업계 관계자들은 한국 대중문화가 저변이 빈약하므로 한류도 곧 소멸할 것이라고 진단했다.

어쩌면 주변국들은 수십 년 혹은 수백 년간 존재했던 국가 간 문화적 위계가 한류로 인해 흐트러질까 봐 두려워했던 것인지도 모른다. 2005년 중국 배우 장궈리가 대장금을 비판한 것이나, 일본에서 혐한류 운동이 일어난 것 역시 이러한 맥락과 닿아 있다. 결국 중국은 2016년 사드(Thaad) 사태를 빌미로 중국 내 한국 문화 유통과 확산을 전면적으로 금지하는 한한령을 시행했다. 그럼에도 불구하고 한류는 여러 나라에서 지역적으로 확대되었고 팬덤의 범위를 넓히며 성장했다.

고통받고 갈등하는 청년과 함께하는 한국 드라마

문화연구의 전통적인 명제에 따르면, 대중문화는 의미가 투쟁하고 교섭하는 장소다(Fiske, 1986). 2022년 여름에 한국 케이블 방송과 넷플릭스를 통해 전 세계에 방영됐던 〈이상한 변호사 우영우〉의 주인공은 변호사임에도 직업적 안정성을 보장받을 수 없는 신자유주의 주체(subject)다. 비정규직에서 정규직으로 전환되기를 손꼽아 기다리는 와중에도 함께 일하는 동료는 지나친 경쟁심으로 주인공을 따돌리려 한다. 2022년 드라마 〈나의 해방일지〉에서 경기도에 거주하는 주인공 3남매는 '서울 사람'이 되지 못한 현실에 분노하고 끊임없이 자신의 신세를 한탄한다. 2022~23년에 방영된 〈더 글로리〉는 복수의 방식이 폭력적이라는 비판에도 불구하고 약자의 내면을 사회적으로 응시하도록 이끈다.

이렇듯 한국 드라마는 온갖 차별과 빈부격차가 심화하는 사회구조 속에서 방황하고 일탈하지만, 비현실적일지언정 '해방'을 꿈꾸는 '자아'들을 보여줌으로써 시청자의 공감을 불러일으킨다. 중년여성들의 공허함을 보듬으며 성장한 한국 드라마는 이제 고통받고 갈등하는 청년들의 욕망과 판타지가 투영된 장소가 되었다.

사회성을 부각하는 등 여러 새로운 설정에도 불구하고 한국 드라마는 연인 간 사랑이라는 통속성을 주된 요소로 삼고 여러 캐릭터가 연결되는 다양한 멜로라인을 담아내 흥미와 대중성을 놓치지 않는다. 한국 배우들의 섬세한 감정 연기가 몰입감을 끌어낸다고 말하는 해외 시청자들은 드라마 속 재현과 자기 삶 간의 유사성과 차이점을 성찰한다. 이들은 또한 한국 드라마 촬영지에 '순례'를 와 드라마 속에서 살아보는 듯한 경험을 하고, 여행이 제공하는 색다른 사고를 자극받는다. 이제 K-컬처에 의해 글로벌 시청자들이 상상적으로 연결되는 시대를 맞이하고 있다.

한류를 통해 상상적으로 연결되는 전 세계 수용자

그동안 한국 드라마가 아시아에 이바지한 것이 있다면 무엇일까? 무엇보다 20세기 모더니즘적 갈등 구조 속에 매몰되어 각기 자국의 드라마와 할리우드 콘텐츠에 갇혀 있던 아시아인의 미디어 상상력을 범(凡)아시아로 확산한 것을 들 수 있겠다. 실제로 서구만을 바라보고 주변국에 무관심했던 아시아인이 한류를 통해 한국인뿐 아니라 다른 아시아인과 대화하고 소통하기 시작했다. 예를 들면, 한류 팬 사이트에서 타국의 팬들과 대화하던 이들이 상대방 국가에서 열리는 케이팝 콘서트에 공연 메이트가 되어 동행하곤 한다.

물론 이는 아시아에만 국한되는 것은 아니다. 아시아 밖 팬들도 한류 팬덤 활동을 통해 전 세계에 자신을 따스하게 맞아주는 친구가 있음에 놀라고, 한류 팬 커뮤니티에 더욱 강한 소속감을 느낀다. 한류를 통해 전 세계 수용자들이 상상적으로 연결되고 있다. 한국 드라마를 보며 이들은 삶의 여러 과정에서 한국인들도 자신과 유사한 경험을 했다는 사실을 깨닫고 놀란다. 이를 통해 한국 사회와 문화에 친근함과 호감을 느끼기도 한다. 하지만 한류를 우리 문화의 우수성을 증명한 민족적 쾌거로만 바라보게 되면 한류의 가능성을 스스로 닫아버리게 된다. '우리나라 문화 알리기'에 더해 '이웃 나라와 친해지기'가 한류의 핵심이 되어야 할 것이다.

그런데 한류가 전 지구적으로 확산함에 따라 한국 드라마의 문제점을 지적하는 시선이 더욱 날카로워지고 있다. 얼마 전인 2023년 7월만 해도 JTBC 드라마 〈킹더랜드〉가 아랍 문화 왜곡 논란에 휩싸였다. 극 중에 잠시 등장한 아랍 왕자를 주지육림과 성적 쾌락에 빠진 인물로 묘사한 것이다. 마음의 상처를 입은 아랍권 시청자들이 넷플릭스 등 여러 OTT를 통해 전 세계에 방영되고 있는 이 드라마 제작진에게 공식 사과를 요구했다.

사실 한국 드라마의 인종주의 감수성은 약한 편이다. 한국인에게 외국인은 이웃이기보다는 그저 이방인이자 타자였다. 협소한 지리적 세계관 속에 갇혔던 한국 드라마는 우리 안에 묻혔던 다민족성을 소환하고 이민족에 대한 톨레랑스의 정신을 텍스트에 더욱 반영할 필요가 있다. 한류의 성장을 위해서라도 보편적 가치의 구현은 중요하다.

문화적 사유를 자극하는 한류

아시아에 인터아시아 문화연구(Inter-Asia Cultural Studies)를 표방한 연구자 그룹이 있다. 이들은 격년으로 학술회의를 개최하고 연 6회 학술지를 출간한다. 1990년대 후반에 결성된 이들의 목표는 지식 생산과 유통에 있어서 서양을 전범으로 삼던 관습으로부터 탈피하는 것이다. 이를 위한 방법론 중 하나는 상호참조(mutual referencing)다. 아시아 학자들이 서양 이론과 문헌에만 의존하는 것에서 벗어나 아시아에서 만들어진 지식을 서로 참조하자는 헤아림이다. 탈식민을 추구했지만, 여전히 서양을 보편적 전범으로 인식했던 20세기 중반의 민족주의적 국가 건설 프로젝트와는 전혀 다른 패러다임을 지향한다.

그런데 최근 한류를 기반으로 해 아시아 학자 간 상호참조가 늘고 있다. 여러 국가의 학자들은 자국 한류 수용자층의 확대, 한류 애호 대상의 다양화, 수용 방식의 진화와 그 의미를 탐구하는 것에 더해 이웃 국가의 한류 양상은 어떠한지, 한국 대중문화가 각각의 국가에서 어떻게 수용·해석·전유되는지 등에 관한 논문을 상호참조하고 또 공동 연구·집필한다. 한류에 기반한 상호참조는 아시아를 넘어 지역적으로 계속 확장 중이다. 결국 의도하지 않았으나 한류는 탈서양·탈중심주의와 관련해 의미 있는 성과를 낳고 있다.

또한 한류는 문화에 관해 중요한 질문을 던진다. 한국 문화상품을 선택하는 해외 소비자들의 욕망은 무엇인지, 이들은

인터아시아 문화연구
(Inter-Asia Cultural Studies)
학술지 표지(2023년 24권 5호).

무엇을 상상하고 어떤 정체성을 형성하는지, 한국의 문화상품을 타국의 수용자에게 전하는 문화 매개자는 누구인지, 거꾸로 한류는 한국인에게 어떤 문화 지리적 상상력을 부여하는지 등과 같은 다양한 질문을 제기한다. 한류의 자취를 좇다 보면 이를 특정한 학문 범주에 붙들어 매는 것이 사실상 불가능하다는 것을 깨닫게 된다.

밈(meme)이 그러하듯 한류는 예상할 수 없는 곳으로 나아가고, 새로운 연결망으로 들어가 관계 맺고 의미를 만든다. 실제로 한류 드라마와 K-팝은 놓인 맥락에 따라 다양하게 해석되고 수용된다. 한류 연구는 열려 있다. 한류 현상은 다양한 연구 배경과 관심을 가진 여러 학문분과의 연구자들을 초대해 담론 경쟁의 장을 만든다. 계속해서 새롭게 펼쳐지는 한류의 양태도 흥미롭지만, 한류 연구와 담론도 그에 못지않게 흥미진진하다. 앞으로 한류가 글로벌 문화지형에 어떤 방식의 변화를 줄 수 있을지, 또 우리의 문화적 사유에 어떤 자극을 주고 어떤 지적 나침반으로 기능할지 함께 지켜보고 계속 살펴보자는 제안을 건네며 책을 마무리한다.

발문

두보가 짓는 문화의 다리

주철환 (동북고·MBC·OBS·JTBC·이화여대·아주대·서울문화재단에서 근무)

매디슨에서 1년 살았다고 하면 매디슨 카운티의 다리(The Bridges Of Madison County)에 가봤냐고 묻는 사람이 더러 있다. 소설과 영화로 유명한 그 다리는 아이오와주에 있고 내가 머문 매디슨은 위스콘신주 남쪽에 있다. 영화 〈매디슨 카운티의 다리〉가 개봉된 1995년 가을에 나는 회사(MBC)에 휴직계를 내고 연수를 빙자한 외유를 떠났다. 아내가 위스콘신대학교 교환교수로 가게 된 것이 직접적인 계기가 됐고 PD라는 직업의 특성상 그 대학의 미디어 전공자들과 자주 어울리게 됐다. 두보도 그들 중 하나다.

특이한 이름에 주목한 건 나의 전공과 무관치 않다. 나는 첫 직업이 국어 교사였다. 어릴 적부터 '갖다 붙이기'를 잘하던 나는 당나라 시인 이백과 두보가 11세 차이임에도 불구하고 문학을 통해 우애를 다진 사례를 떠올리며 (내가 감히 이백은 아니지만 어쨌든 두보는 나보다 11세 연하다) 다양한 소재로 대화를 나눴다. 좋은 인연이 모여 좋은 인생이 된다는 게 나의 소신인데 '매디슨 우정의 다리'가 얼마나 튼튼한지 28년 후에 이런 독후감까지 쓰게 되었다.

소통을 중시하고 문화를 바라보는 시야가 넓은 학자

글을 쓴다는 건 삶을 연장하는 것이다. 그러나 책을 낸다는 건 좀 더 신중할 필요가 있다. 자신의 이름을 알리거나 남기기 위해, 혹은 돈 좀 만지고자 종이를 낭비하는 건 아닌지 돌아보아야 한다. 서점에 가면 한류 혹은 K컬처와 관련된 책들이 수두룩하다. 그런데 지금 두보가 또 이런 책을 내는 이유가 뭘까. 첫째는 그가 이 분야의 한복판에 있는 글로벌 전문가라는 사실이고 둘째는 그의 연구 대상과 환경이 워낙 변화무쌍하기 때문일 것이다.

걸어온 길을 보면 걸어갈 길도 어렴풋이 보인다. 그는 2000년 12월에 박사학위를 받고 곧바로 2001년 1월에 싱가포르국립대학교(National University of Singapore) 조교수로 임용되었다. 6년여 동안 연구실과 강의실에만 주로 머문 게 아니라 동남아 각국을 다니면서 한국 드라마·가요의 유통과 소비를 관찰했다. 기호의 확산에 따라 한국인과 한국문화에 대한 태도가 우호적으로 변화히는 모습도 확인했다. 그가 책에 썼듯이 "현장을 찾아가지 않고 책과 논문만 들여다보는 안락의자 학자(armchair scholar 혹은 '방구석 학자')의 자세로는 한류를 제대로 이해할 수 없다." 귀국하여 성신여대에 자리 잡은 후에도 한류와 아시아 대중문화, 글로벌 미디어산업에 관한 전방위적 연구를 꾸준하고 성실하게 이어오고 있다.

저자는 소통을 중요시하는 학자다. 심지어 소통학회 회장을 지낸 적도 있다. 문화를 보는 시야도 넓게 열려 있다. 동요에서 배운 것처럼 깊은 산속 옹달샘은 옹벽을 쌓고 살아서 새벽에 토끼가 물만 먹고 떠난다. 하지만 바다는 어디서 출발했는지 따지지 않고 모두를 받아(바다)들인다. 온갖 물고기들을 거기서 놀게 하고 어부와 해녀들에게 삶의 윤택함을 제공하며 관광객들에게 해방감을 선물한다. 문화적 다양성과 포용성이 필요한 근거가 그 노래에 다 들어있다.

현미경으로 분석, 망원경으로 예측, 내시경으로 경고

지켜본 바를 적시하면 말투는 과격하지 않고 시선은 부드럽다. 온유한 글쓰기는 설명, 설교가 아니라 설득의 힘을 지녔다. K컬처 현상의 핵심을 아티스트와 팬덤 간 사랑과 땀, 눈물의 동행이라고 보는 지적에도 공감이 간다. 그렇다고 찬사만 남발하는 건 아니다. 소문난 잔치를 꼼꼼하게 주시하면서 그 소문과 잔치가 확산 지속할 방안도 제시한다. 마무리하자면 그는 현미경으로 분석하고 망원경으로 예측하며 내시경으로 경고한다. 책을 접는데 이 부분이 특히 마음을 끌어당긴다. "한류를 우리 문화의 우수성을 증명한 민족적 쾌거로만 바라보게 되면 한류의 가능성을 스스로 닫아버리게 된다. '우리나라 문화 알리기'에 더해 '이웃 나라와 친해지기'가 한류의 핵심이 되어야 할 것이다."

지나가는 말로 좌우명 같은 게 있냐고 물었더니 '카르페 디엠 메멘토 모리'라고 답을 준다. 참신하진 않지만 내게는 그 말이 현재를 누리되 그것이 영원하지 않을 것임을 기억하라는 겸손의 언어로 들렸다. 그는 학부에서 사학을 전공했다. 그것을 바탕삼아 문화의 다리를 계속 측량하고 구축한다면 마치 두보의 시가 시사(詩史)라고 불리듯 심두보의 글도 소중한 문화사(文化史)라 불릴 날이 오지 않겠는가.

참고 문헌

강경석. 2023. "세계가 주목하는 건 '한류'일 뿐 한국이 아니다". 동아일보(9월 27일), p. A34.

강경지. 2006. "'도전! 골든벨' 포맷권리, 베트남에 수출', OSEN. http://m.entertain.naver.com/read?oid=109&aid=0000029287

강수진·박은경. 2012. "드라마서 K팝까지… 중국 현지화 통해 쌍방향 한류 진화," 경향신문. https://www.khan.co.kr/culture/tv/article/201208212142245

강준만. 2020. 『한류의 역사』. 서울: 인물과 사상사.

고성빈. 2018. "동아시아담론에 대한 비평적 회고와 전망," 아세아연구 61(4): 9-58.

곽민영(2011). 이수만 SM회장 감사패 받아 "정부는 지원에 힘써줬으면." 동아일보. 7월 28일. http://news.donga.com/3/all/20110727/39132597/1

구둘래. 2017. "세계가 독자, 포털 연재에만 매이지 말라", 『한겨레』, p. 20 (2월 5일).

권상국. 2009. "'클론' 카리스마 넘치는 댄스곡 '불후의 명작'으로 다시 듣는다," 부산일보. https://www.busan.com/view/busan/view.php?code=20090818000249

김경미, 2023. "한류스타 출연은 K예능 경쟁력," 서울경제. https://www.sedaily.com/NewsView/29THBZ7O9Q

김경화. 2022. 『같은 일본 다른 일본』. 서울: 동아시아.

김규찬. 2023. "한류정책, 돌아보고 내다보기." 한국언론학회. 2023년 5월 19일. 제주 신화월드.

김성민. 2018. 『케이팝의 작은 역사』. 파주: 글항아리.

김수진. 2023. "요아소비, 단독 내한 콘서트 추가 회차까지 1분 만 전석 매진," 스타뉴스. https://www.starnewskorea.com/stview.php?no=2023101807383894248

김영찬. 2008. "베트남의 한국 TV드라마 수용에 관한 현장연구," 커뮤니케이션학연구. 16(3): 5-29.

김윤정. 2009. 『한류의 초기 생성과정 트렌디 드라마 〈질투〉의 상품적 가치연구』. 홍익대학교 영상대학원 프로덕션디자인 전공 석사 논문. 2009년 6월 30일 제출.

김윤정. 2016. "남중국해 입장 표명 강요받는 소녀시대 윤아… 그저 인기 탓?"《오마이뉴스》. http://star.ohmynews.com/NWS_Web/OhmyStar/at_pg.aspx?CNTN_CD=A0002226328

김윤지. 2023. 『한류외전』. 서울: 어크로스.

김윤지. 2017. "[신한류 베트남]①한한령 1년, 베트남에서 답을 찾다," 이데일리.

https://www.edaily.co.kr/news/read?newsId=01111926615934168&mediaCodeNo=258

김은형. 2023. "넷플릭스의 4년 25억달러 투자, 정말 '파격적'일까?" 한겨레. https://www.hani.co.kr/arti/culture/culture_general/1089267.html

김정수. 2020. "탈바꿈의 문화행정."『한류에서 교류로』(pp. 73-99). 서울: 한국국제문화교류진흥원.

김지원. 2023. "SM, 英보이그룹 만든다." 텐아시아. https://tenasia.hankyung.com/article/2023111603644

김지하. 2017. "SM, 베트남 인재 발굴해 NCT 베트남 팀 만들 것…V팝 성장 기대". 티브이데일리. http://www.tvdaily.co.kr/read.php3?aid=15125285041303937010

김태언. 2021. [K-POP은 내 인생을 어떻게 바꿨나?] ⑧하리원 "코로나 이후 베트남 음악의 뉴 트렌드는 케이팝". 아주경제. https://www.ajunews.com/view/20211027103329946

김태혁. 2019. "걸그룹 '라임' 이본 주연, 청춘 드라마 '놓치지 마'…베트남 YEAH1TV 방영 확정," 투데이코리아. http://www.todaykorea.co.kr/news/articleView.html?idxno=266067

김현미, 2005.『글로벌 시대의 문화 번역』. 서울: 또 하나의 문화.

김형수. 2018. "베트남 스크린에 부는 '한류' 붐," 내일신문. http://m.naeil.com/m_news_view.php?id_art=272098

나경희. 2023. "한 곡으로 끝일까? '통수돌' 된 '중소돌'" 시사인. 828호. https://www.sisain.co.kr/news/articleView.html?idxno=50806

나원정. 2023. "'싱글맘 많아 통했다' CJ 또 홈런…베트남서 난리난 이 영화," 중앙일보. https://n.news.naver.com/article/025/0003259170?sid=103

님 웨일즈·김산. 2005.『아리랑: 조선인 혁명가 김산의 불꽃 같은 삶』. 서울: 동녘.

매일경제 한류본색 프로젝트팀. 2012.『한류본색』. 서울: 매경출판(주).

민영규. 2019. "K팝에 이어 베트남서 활동하는 한국 여가수들, 인기몰이," 연합뉴스. https://www.yna.co.kr/view/AKR20190818024500084?input=1195m

민영규. 2021. "베트남, 한국어를 제1외국어로 선정…초3부터 교육 가능," 연합뉴스. https://www.yna.co.kr/view/AKR20210304164800084

박민주. 2023. "일본판 '환승연애'부터 프랑스판 '피의 게임'까지…'예능 수출' 새길 연 토종OTT" 서울경제. https://www.sedaily.com/NewsView/29S5KZQMOL

박상후. 2021. "베트남판 '런닝맨2', 첫 방송부터 동시간대 1위 출발," 티브이데일리. http://tvdaily.co.kr/read.php3?aid=16328971901606151019

박세환. 2021. "'8888' 차량번호판 1억6000만원에 낙찰…'8' 중국어 발음 때문에," 헤럴드경제. http://news.heraldcorp.com/view.php?ud=20211103000982

박소정. 2022. "확장하고 경합하는 K: 국내 언론 보도를 통해 본 K 담론에 대한 분석," 한국언론학보 66(4): 144-186.

박장순. 2008. 『한류, 한국과 일본의 드라마 전쟁』. 서울: 커뮤니케이션북스.

박재복. 2001. 『글로벌시대 한국 TV프로그램의 국제경쟁력 제고방안 연구: MBC프로그램의 해외수출 사례분석을 중심으로』 연세대학교 언론홍보대학원 방송영상 전공 석사논문. 2001년 6월 30일 제출.

박형수. 2023. "한국어학과 '3300대 1' 인기…인도 이 대학, 경비원도 한국말," 중앙일보. https://www.joongang.co.kr/article/25207353

비숍, 이사벨라 버드. 1994. 『한국과 그 이웃 나라들』 이인화 옮김, 서울: 살림.

새비지 랜도어. 2019. 『고요한 아침의 나라 조선』. 신복룡·장우영 옮김. 서울: 집문당.

서병문. 2002. "〈월요논단〉이국에 뿌린 감동의 씨앗," 전자신문. https://m.etnews.com/200208020220?SNS=00004

손봉석. 2021. "계속되는 아이돌 노예계약과 방송사 갑질…비밀 이면계약으로 가수·연습생 착취," 스포츠경향. https://sports.khan.co.kr/entertainment/sk_index.html?art_id=202110011928003&sec_id=540101&pt=nv

손정빈. 2022. "'지금 우리 학교는' 넷플릭스 시청 시간 역대 3위로," 파이낸셜뉴스. https://www.fnnews.com/news/202202160939168334

송창섭·서창완. 2023. "[르포] 어제는 '인도 한류 본거지', 오늘은 '국제 골칫덩어리'," UPI 뉴스. https://www.upinews.kr/newsView/1065587764754261

심두보. 2004. "국제 커뮤니케이션 현상으로서의 한류와 하이브리디티," 프로그램/텍스트 11호. 73~74.

심두보. 2009. "싱가포르의 변화: '예술도시' 및 '미디어 허브' 추구," 동아시아브리프 3(3), pp. 85-90.

심두보. 2013. "케이팝(K-pop)에 관한 소고: 한류, 아이돌 그리고 근대성," 사회과교육 52(2): 13~28.

심두보·민원정·정수경. 2022. 『케이팝은 흑인음악이다』 번역. 서울: 놀민. 원본: 『Soul in Seoul』, Crystal Anderson. Univ. of Mississippi P.

안윤태·공희준. 2012. 『이수만 평전: 대한민국 문화산업 개척자에 관한 보고서』. 파주: 정보와 사람.

안정효. 2012. 『헐리우드 키드의 생애』. 서울: 커뮤니케이션북스.

안창현. 2010. "한국 문화콘텐츠산업 중국시장 진출전략," 인문콘텐츠, 17호. 475~497면.

양소영. 2017. "[포커스S]_방송사 생존법① 국내는 좁다 …일본➞중국➞동남아 혈투," SpoTV News. http://www.spotvnews.co.kr/news/articleView.html?idxno=143046

양승준. 2023. "65년간 톱10에 한국 8번, 일본 1번... '한일 역전 이곳' 빌보드 핫100," 한국일보. https://www.hankookilbo.com/News/Read/A2023082011030003274?did=NA

양은경. 2003. "동아시아의 트렌디 드라마 유통에 대한 문화적 근접성 연구," 방송연구, 여름호, 197-220.

어환희. 2023. "너흰 계획이 다 있구나... 데뷔 전부터 '완성형 아이돌'," 중앙일보(9월 28일), p. 19.

오명언·김경윤. 2023. "대중문화개방 25년 만에 다시 부는 日애니·만화 열풍…왜?" 연합뉴스. https://n.news.naver.com/mnews/article/001/0014353696?rc=N&ntype=RANKING

오원석. 2020. "'연금술사' 파울로 코엘료 푹 빠졌다, 찬사 보낸 한국 드라마," 중앙일보. https://www.joongang.co.kr/article/23897493

우경임. 2016. "하메네이, 朴대통령에 "나도 '주몽' 자주 봤다". 동아일보. https://www.donga.com/news/article/all/20160505/77944112/1

유용태·박진우·박태균. 『함께 읽는 동아시아 근현대사(개정판)』. 창비 2016.

유진모. 2010. "재범 선전포고 직면한 박진영이 조용필과 다른 점," 티브이데일리. http://tvdaily.co.kr/read.php3?aid=127225865156170002

윤고은. 2015. "한-베트남 합작 드라마 '오늘도 청춘' 23일 첫선," 연합뉴스. https://www.yna.co.kr/view/AKR20150611174200033

윤상환(2012). "유럽 한복판에서 울린 한류 함성," 매일경제. http://news.mk.co.kr/newsRead.php?year=2011&no=597963

이삼성. 2016. "전후 동아시아 국제질서의 구성과 중국: '동아시아 대분단체제'의 형성과정에서 중국의 구성적 역할," 한국정치학회보, 50(6): 163-189.

이상규. 2023. "'일본, 한국 아니었으면 어쩔뻔했나'…외국인 관광객 압도적 1위," 매일경제. https://www.mk.co.kr/news/world/10853050

이상인. 2023. "한-인도 수교 50주년, K-컬처로 양국 미래세대 교류와 연대 강화한다," 티티엘뉴스. https://www.ttlnews.com/article/biz_world/14455

이수만. 1999. "[이수만의 뒤집어 보기]H.O.T는 가수가 아니다!," 동아일보(199년 6월 20일). https://www.donga.com/news/article/all/19990620/7448912/1

이심기. 2000. "중국 HOT 공연 특수 .. 한국산 상품 '불티'" 한국경제. https://www.

hankyung.com/society/article/2000020101431
이와부치 고이치. 2004. 『아시아를 잇는 대중문화』. 히라타 유키에·전오경 역. 서울: 또 하나의 문화.
이은숙. 2002. "중국에서의 '한류' 열풍 고찰," 문학과 영상 3(2): 31-59.
이은정. 2022. "오리엔탈리즘의 긴 그림자: 코로나 시기 독일 언론의 한국 문화 담론," 황해문화(여름): 114-135
이종환. 2000. "[인사이드 월드]중국에 부는 한국열풍," 동아일보. https://www.donga.com/news/Inter/article/all/20000712/7557866/9
이지윤. 2023. "러브콜 쏟아진 K콘텐츠… '명당' 1층 입구에 한국관 내줘," 동아일보, 10월 23일, p. A22.
이한우·레 티 화이 프엉. 2013. 『베트남 한류를 보는 한국과 베트남의 시각』. 서울: 이매진.
이현주. 2021. "[인터뷰]소설가 김진명 '고구려 드라마화 기대…조인성 어때요?'" 뉴시스. https://www.newsis.com/view/?id=NISX20210702_0001498626
이홍규. 2020. "동아시아지역주의와 평화: 역사, 구조, 함의," 아시아연구, 23(4): 113-132.
이홍규. 2022. "동아시아 공공성은 가능한가? – 새로운 동아시아지역주의의 사상적 기반," 아시아연구, 25(2): 209-226.
임지현. 2000. 일상적 파시즘의 코드 읽기. 『우리 안의 파시즘』(임지현 외). pp. 23-45. 서울: 삼인.
장윤정. 2015. "[중국이 사랑한 한류스타④] 대륙 남자아이돌의 원조 '슈퍼주니어', 그들의 성공 비결 분석," 아주경제. https://www.ajunews.com/view/20150305071855743
전보옥. 2004. "양안 대중문화교류가 중국 현대 대중문화 형성에 미친 영향," 『중국은 왜 한류를 수용하나』(장수현 외 공저) 81-118쪽. 서울: 학고재.
전성민. 2019. "한국•베트남, 국제공동제작 예능 'Bistro K'… 베트남 주요채널서 방송," 아주경제. https://www.ajunews.com/view/20190607085044212
전성흥. 2006. "타이베이 시먼띵의 '하한쭈': 대만의 한류," 신윤환, 이한우 편. 『동아시아의 한류』, 49-71. 서울: 전예원.
정길화. 2019. "한류 20년에 생각한다," 월드코리안신문 https://www.worldkorean.net/news/articleView.html?idxno=35728
정승훈. 2020. "코로나 위기 넘은 특별한 공동제작 '맛있는 드라마 여행' 호치민에서 제작발표회 개최," 디지털타임스. http://www.dt.co.kr/contents.html?article_no=20

20110602109919805009&ref=naver

정의민. 2023. "피프티 피프티가 배신돌 된 이유, 산업적 측면에서 살펴보자," 얼룩소. https://alook.so/posts/ZktbzYv

정혁준. 2022. "JYP, K팝 시스템으로 미국 걸그룹 만든다," 한겨레. https://www.hani.co.kr/arti/culture/music/1052364.html

정혜인. 2021. "10년 전 홀대받던 이야기…해외서 더 뜨거운 '오징어 게임' 비결," 머니투데이. https://news.mt.co.kr/mtview.php?no=2021100309310364031

조반니 아리기. 2014.『장기 20세기』. 백승욱 역. 서울: 그린비.

조유빈. 2023. "상반기 K팝 수출액 최고치…미국, 음반 수출 대상국 2위로," 시사저널 1761호(2023년7월15일자) http://www.sisajournal.com/news/articleView.html?idxno=268126&fbclid=IwAR3mwzqJF6l6icWFb6AD54QYLLc_LGqYX5shpPAaEKLPUpV3Wi21N0se2h0

조은아. 2023. "'K드라마 자막없이 보자' 불에 한국어 열풍," 동아일보(9월 19일), p. A25.

조한혜정. 2003. "글로벌 지각변동의 징후로 읽는 한류 열풍." 조한혜정 외 편,『한류와 아시아의 대중문화』, 1-42. 서울: 연세대학교 출판부.

지영호. 2016. "드라마〈태양의 후예〉의 열풍에 주목한 프랑스 언론," 통신원 리포트. 서울: 한국국제문화교류진흥원. https://www.kofice.or.kr/c30correspondent/c30_correspondent_02_view.asp?seq=12418

진경지. 2019. "'한류' 용어의 어원 및 대만 한류 발전에 대한 고찰," 동아시아 문화연구 제77호, 221~237.

차우진·최지선. 2011. "한국 아이돌 그룹의 역사와 계보, 1996-2010년,"『아이돌』(이동연 엮음). 112~158면, 서울: 이매진.

천금주 (2016). "쯔위 사과 영상이 뭐길래? 대만 첫 여성총통 당선 후 언급,"《국민일보》. URL: http://news.kmib.co.kr/article/view.asp?arcid=0010262786

최나영. 2023. "연제협, 피프티피프티 사태에 성명 '인재 가로채기 좌시NO..어트랙트 선전 기원' (전문)," 조선일보. https://biz.chosun.com/entertainment/enter_general/2023/07/05/BSA4TNG4PJMZGUF3KLYH2HWUDU/

최박광 역. 2021.『일본서기』. 저자 미상. 서울: 동서문화사.

최혜실. 2005. "한류 현상의 지속을 위한 작품 내적 연구: 드라마의 스토리텔링 구조 분석." 인문콘텐츠 제6호, 111-136.

하유진. 2011. "'런닝맨', 亞 9개국 수출..한류 예능 '일등공신'," 스타뉴스. https://n.news.naver.com/entertain/article/108/0002108732

한국국제문화교류진흥원. 2018. 『한류와 문화정책』. 서울: 한국국제문화교류진흥원.
한국국제문화교류진흥원. 2021. 『2021 해외한류 실태조사』. 서울: 한국국제문화교류진흥원. https://www.mcst.go.kr/kor/s_policy/dept/deptView.jsp?pDataCD=0417000000&pSeq=1448
한국국제문화교류진흥원. 2023. 『2022 한류 파급효과 연구』. 서울: 한국국제문화교류진흥원.
한국콘텐츠진흥원. 2021. 『베트남 콘텐츠 산업동향』. https://www.kocca.kr/cop/bbs/view/B0158950/1845318.do#
한국콘텐츠진흥원. 2022. 『2022 만화 산업백서』. 나주: 한국콘텐츠진흥원.
한국콘텐츠진흥원. 2023. 『2023 애니메이션 이용자 실태조사』. https://www.kocca.kr/kocca/bbs/list/B0000147.do?menuNo=204153
한순천. 2023. "K멀티플렉스, 베트남서 왕좌의 게임," 서울경제. 9월 28일, p. 21.
한예린. 2022. "'구준엽과 결혼' 서희원 누구?" 매일경제. https://www.mk.co.kr/star/hot-issues/view/2022/03/215840/ (검색일: 2022.7.10.)
한진주. 2016. "韓-베트남 문화교류 가교 역할하는 'V 라이브'," 아시아경제. http://www.asiae.co.kr/news/view.htm?idxno=2016101522143676322
허경주. 2023. "30년 전 "왜 배우냐" 했던 한국어… 이젠 명문대 입결 1위, 한국말 하면 월급 3배," 한국일보. https://m.hankookilbo.com/News/Read/A2023101113460002815
헤럴드경제 (2016). "쯔위 논란, 박진영까지 나서 사과…中 환구시보 '악플 용서 않겠다'," 《헤럴드경제 온라인판》. URL:http://news.heraldcorp.com/view.php?ud=20160116000078
홍유선·임대근. 2018. "용어 한류(韓流)의 기원," 인문사회 21 제9권5호 pp. 559-574.

〈방송 프로그램〉
JTBC. 2015. "[영상] '비정상회담' 크리스티안, '천사들의 합창' 아역 배우들 근황 공개," https://news.jtbc.joins.com/article/article.aspx?news_id=NB11065287
SBS. 2021a. "전설의 무대 아카이브K 9회 '바다를 건넌 K-POP' 1편," 2021.3.15. 방송분. https://www.youtube.com/watch?v=P9QAhJ_ZzgA&t=19s
SBS, 2021b. "전설의 무대 아카이브K 9회 '바다를 건넌 K-POP' 1편. 한류의 시초 안재욱," https://www.youtube.com/watch?v=PployXutl6s
SBS, 2021c. "전설의 무대 아카이브K 9회 '바다를 건넌 K-POP' 1편. 본격적인 한류의 바람~! 클론과 NRG,". https://www.youtube.com/watch?v=P9QAhJ_ZzgA

〈외국 문헌〉

ABC News. 2021. "'Squid Game's global popularity has real-life ripple effects," https://www.youtube.com/watch?v=34Ov1H-5xac&t=19s

Ang, S. 2012. "K-pop sensation "Gangnam Style" creates noise in Pit," The Daily Tar Heel (Sep. 24). Retrieved from http://www.dailytarheel.com/article/2012/09/k-pop-sensation-gangnam-style-creates-noise-in-pit

Appadurai, Arjun. 1996. 『Modernity at Large』. Minneapolis: University of Minnesota Press.

Brown, M. E. 1990. 『Television and Women's Culture』. London: Sage.

Chace, Zoe. 2012. "Gangnam Style: Three reasons K-Pop is taking over the world," NPR (Oct. 12). http://www.npr.org/blogs/money/2012/10/12/162740623/gangnam-style-three-reasons-k-pop-is-taking-over-the-world

Chadha, K. and A. Kavoori. 2000. "Media Imperialism Revisited," Media Culture and Society 22(4): 415-432.

Chang, May Choon. 2023. "What's next after the Korean Wave?" The Straits Times. https://www.straitstimes.com/asia/east-asia/what-s-next-after-the-korean-wave

Ching, Leo T.S. 2015. "Neo-regionalism and neoliberal Asia." In Larissa Hjorth, Olivia Khoo, eds. Routledge Handbook of New Media in Asia, 39-52. London: Routledge.

Chua, Beng Huat. 2012. 『Structure, Audience and Soft Power in East Asian Pop Culture』. Hong Kong: Hong Kong UP.

D'Acci. J. 1994. 『Defining women』. Chapel Hill: University of North Carolina Press.

Dien Anh. 2017. "Hơn 100 sao việt diện đồ xanh đến chúc mừng ra mắt kênh tvBlue," https://thegioidienanh.vn/hon-100-sao-viet-dien-do-xanh-den-chuc-mung-ra-mat-kenh-tvblue-14091.html

Economist. 2023. "Why fewer university students are studying Mandarin," https://www.economist.com/china/2023/08/24/why-fewer-university-students-are-studying-mandarin (2023년 8월 24일 발행)

Fisher, M. 2012a. "Gangnam Style, Dissected: The Subversive Message Within South Korea's Music Video Sensation," The Atlantic (Aug. 23). Retrieved from http://www.theatlantic.com/international/archive/2012/08/gangnam-style-dissected-the-subversive-message-within-south-koreas-music-video-sensation/261462/

Fisher, M. 2012b. "Visual music: How 'Gangnam Style' exploited K-pop's secret strength and overcame its biggest weakness," The Washington Post (Oct. 18). Retrieved from http://www.washingtonpost.com/blogs/worldviews/wp/2012/10/18/visual-music-how-gangnam-style-exploited-k-pops-secret-strength-and-overcame-its-biggest-weakness

Fiske, John. 1986. "Television and Popular Culture: Reflections on British and Australian Critical Practice," Critical Studies in Mass Communication, 3:2, 200-16.

Fiske, John. 1987. 『Television Culture』. London: Methuen.

Harvey, D. 1990. 『The Condition of Postmodernity: An Enquiry into the Origins of Cultural Change』. Cambridge, MA: Blackwell.

Herman, Tamar. 2019. "Looking Back at How 'K-Pop' Came to Billboard 20 Years Ago," Billboard(Oct. 11). https://www.billboard.com/music/music-news/k-pop-billboard-20-years-8532755/

Hong, Euny. 2023. "I May Have Started a Rumor About K-Pop, and It May Be Ruining My Life," New York Times. https://www.nytimes.com/2023/01/03/opinion/bts-k-pop-conspiracy.html

infonet. 2021. "Bộ tứ rạp chiếu phim đồng thanh kêu cứu, riêng 'ông trùm' CGV Việt Nam nắm hơn một nửa thị phần đã lỗ hơn 850 tỷ đồng năm 2020," https://infonet.vietnamnet.vn/thi-truong/bo-tu-rap-chieu-phim-dong-thanh-keu-cuu-rieng-ong-trum-cgv-viet-nam-nam-hon-mot-nua-thi-phan-da-lo-hon-850-ty-dong-nam-2020-286376.html

Jenkins, H. 2006. 『Convergence Culture: Where Old and New Media Collide』. New York: New York University Press.

Kang, I. 2013. "'Gangnam Style' Nationalism: South Korea's Pop Culture Exports and Its Nationalist Desire for Globalization," Presented at PCA/ACA 2013 Conferences, Washington, DC.

Kho, Dionne. 2005. "Figure this out!," 8 Days, No. 781 (22 September), p. 33.

Lal, Niharika Lal. 2021. "K-pop, K-drama driving interest in K-cuisine in India," Times of India. https://timesofindia.indiatimes.com/life-style/

food-news/k-pop-k-drama-driving-interest-in-k-cuisine-in-india/articleshow/87068179.cms

Lobato R. 2019. 『Netflix Nations: The Geography of Digital Distribution』. New York: New York University Press.

Luminate, 2023. 『2023 Luminate Midyear Music Report』. https://luminatedata.com/reports/midyear-music-industry-report/?aliId=eyJpIjoiT3AxRDl3SklRdWlMQTdVZClsInQiOiJYZFo2QjBkaGgyeVBrNHo0aTdtNHNnPT0ifQ%253D%253D

Marglin, Stephen A. & Schor, Juliet B. 1992. 『The Golden Age of Capitalism: Reinterpreting the Postwar Experience』. Oxford: Clarendon Press.

McChesney, Robert 1999. 『Rich Media, Poor Democracy』. Urbana: University of Illinois P.

McGray, Douglas. 2002. "Japan's Gross National Cool," Foreign Policy. https://foreignpolicy.com/2009/11/11/japans-gross-national-cool/ (1 May).

McLuhan, M. 1964. Understanding media. 김상호 (역) (2011). 『미디어의 이해: 인간의 확장』. 서울: 커뮤니케이션북스.

Mori, Yoshitaka. 2008. "Winter Sonata and Cultural Practices of Active Fans in Japan: Considering Middle-Aged Women as Cultural Agents," 『East Asian Pop Culture: Analysing the Korean Wave』 (Beng Huat Chua, Koichi Iwabuchi 편집). pp. 127-42. Hong Kong: Hong Kong Univerity Press.

Moss, Gregory S. 2020. 『Hegel's Foundation Free Metaphysics: The Logic of Singularity』. London: Routledge.

Newcomb, H.M. and P.M. Hirsch. 1983. "Television as a cultural forum: Implications for research," Quarterly Review of Film Studies 8(3), 45-55.

Oh, C. 2013. "Performing divine nationalisms through "cheesy horse dance": Transnational consumptions of Psy's Gangnam Style," presented at PCA/ACA 2013 Conferences, Washington, DC.

Reagan, R. 1980. 『Acceptance of the Republican Nomination for President』. https://www.pbs.org/wgbh/americanexperience/features/acceptance-republican-nomination-president/ (검색일: 2022.8.11).

Roehrig, Terence. 2017. 『Japan, South Korea, and the United States Nuclear Umbrella: Deterrence After the Cold War』. New York: Columbia University Press.

Seabrook, J. 2012. "Factory girls: Cultural technology and the making of K-pop," The New Yorker (Oct. 8). http://www.newyorker.com/reporting/2012/10/08/121008fa_fact_seabrook

Shim, Doobo. 2002. "South Korean Media Industry in the 1990s and the Economic Crisis," Prometheus 20(4): 337-350. DOI:10.1080/08109020021000023336

Shim, Doobo. 2020. "Transnational Koreans in Asian Pop Culture in the Pre-Korean Wave Era," Asian Communication Research 17(3): 55-83. DOI: https://doi.org/10.20879/acr.2020.17.3.55

Sinha, N. 2021. "Korean wave: Made in Korea, gorged and loved in India," Hindustan Times. https://www.hindustantimes.com/lifestyle/art-culture/korean-wave-made-in-korea-gorged-and-loved-in-india-101630670553337.html

Storey, John. 2006. 『Cultural Theory and Popular Culture: An Introduction』. London: Pearson Prentice Hall.

Straubhaar, Joseph D. 1997. "Distinguishing the global, regional and national levels of world television." In 『Media in Global Context: A reader』. A. Sreberny-Mohammadi, D. Winseck, J. McKenna and O. Boyd-Barnett (Eds.). New York: Edward Arnold.

Toffler, Alvin. 1984. 『The Third Wave』. New York: Bantam.

Vietnam Insider, 2023. "'The house of no man' makes its global debut in March,"https://vietnaminsider.vn/in-march-the-house-of-no-man-makes-its-global-debut/

Wardoyo, Erina. 2016. "13 Komik webtoon ini keren banget, bikin ngakak sampai baper!", Brilio.net. https://www.brilio.net/gadget/13-komik-webtoon-ini-keren-banget-bikin-ngakak-sampai-baper-160211k.html

Won, Ho-jung. 2017. "CGV denies accusations of violating antitrust law in Vietnam," Korea Herald. http://m.koreaherald.com/view.php?ud=20171121000861&fbclid=IwAR3uL76R-ckxQrsZMFKAAQq2vijdK_GWImSN_b1KS79vKrhY8yFGJ-6ZbVE

Yeung, Peter. 2023. "Through K-pop and Quechua, singer Lenin Tamayo celebrates his Andean roots," Al Jazeera. https://www.aljazeera.com/features/2023/11/18/through-k-pop-and-quechua-singer-lenin-tamayocelebrates-his-andean-roots?fbclid=IwAR1JuZqh2IV4WBXEX8lC2PoYctLAjmjRVAjVhqF0a2H9Wmltb98m1vmf72k

Yoon, S. 2023. "The memefication of Squid Game and mimicry of Asian images," International Journal of Cultural Studies, 0(0). https://doi.org/10.1177/13678779231177724

聯合晚報(연합만보). (1998년 11월 17일자). "聽! 韓流來了. 酷龍, DIVA, H.O.T, S.E.S 四團本月更將集合臺灣開唱."

한류가 뭐길래

초판 1쇄 발행 2024년 01월 04일

지은이 심두보
펴낸이 권무혁
펴낸곳 어나더북스 another books
기획·편집 박종길, 최영준
디자인 채홍디자인
인쇄 및 제본 비전프린팅
출판등록 2019년 11월 5일 제 2019-000299호
주소 (04029) 서울 마포구 월드컵북8길 49-5 204호(서교동)
대표번호 02-335-2260
이메일 km6512@hanmail.net

ⓒ 심두보, 2023
ISBN 979-11-93539-00-2 03300

* 이 책에 수록된 사진 중 일부 저작권자를 확인하지 못한 것이 있습니다.
  연락이 닿는 대로 저작권료 지급 등의 후속 절차를 밟을 예정입니다.
* 책값은 뒤표지에 있습니다.
* 이 책 내용의 일부 혹은 전부를 재사용하려면 반드시 어나더북스의 동의를 구해야 합니다.
* 잘못 만들어진 책은 구입하신 서점에서 교환할 수 있습니다.